# LAVAGEM DE DINHEIRO

www.saraivaeducacao.com.br
Visite nossa página

Fernando Capez
Fabia Puglisi

# LAVAGEM DE DINHEIRO

Comentários à Lei n. 9.613/98

2024

Av. Paulista, 901, Edifício CYK, 4º andar
Bela Vista – São Paulo – SP – CEP 01310-100

**SAC** sac.sets@saraivaeducacao.com.br

| | |
|---|---|
| C241l | Capez, Fernando |
| | Lavagem de Dinheiro – Comentários à Lei n. 9.613/98 / Fernando Capez, Fabia Puglisi. – 1. ed. – São Paulo: SaraivaJur, 2024. |
| | 168 p. |
| | ISBN: 978-65-5362-892-2 (Impresso) |
| | 1. Direito. 2. Direito Penal. 3. Lavagem de Dinheiro. 4. Lei n. 9.613/1998. I. Puglisi, Fabia. II. Título. |
| 2024-636 | CDD 345 / CDU 343 |

Índices para catálogo sistemático:
1. Direito Penal   345
2. Direito Penal   343

**DADOS INTERNACIONAIS DE CATALOGAÇÃO NA PUBLICAÇÃO (CIP)**
**VAGNER RODOLFO DA SILVA – CRB-8/9410**

| | |
|---|---|
| Diretoria executiva | Flávia Alves Bravin |
| Diretoria editorial | Ana Paula Santos Matos |
| Gerência de produção e projetos | Fernando Penteado |
| Gerência de conteúdo e aquisições | Thais Cassoli Reato Cézar |
| Gerência editorial | Livia Céspedes |
| Novos projetos | Aline Darcy Flôr de Souza |
| | Dalila Costa de Oliveira |
| Edição | Iris Ferrão |
| Design e produção | Jeferson Costa da Silva (coord.) |
| | Alanne Maria de Jesus |
| | Lais Soriano |
| | Rosana Peroni Fazolari |
| | Tiago Dela Rosa |
| | Verônica Pivisan Reis |
| Planejamento e projetos | Cintia Aparecida dos Santos |
| | Daniela Maria Chaves Carvalho |
| | Emily Larissa Ferreira da Silva |
| | Kelli Priscila Pinto |
| Diagramação | Adriana Aguiar |
| Revisão | Carolina Mihoko Massanhi |
| Capa | Lais Soriano |
| Produção gráfica | Marli Rampim |
| | Sergio Luiz Pereira Lopes |
| Impressão e acabamento | Gráfica Paym |

Data de fechamento da edição: 2-4-2024

Dúvidas? Acesse www.saraivaeducacao.com.br

Nenhuma parte desta publicação poderá ser reproduzida por qualquer meio ou forma sem a prévia autorização da Saraiva Educação. A violação dos direitos autorais é crime estabelecido na Lei n. 9.610/98 e punido pelo art. 184 do Código Penal.

| CÓD. OBRA | 722716 | CL | 608966 | CAE | 858855 |
|---|---|---|---|---|---|

OP 236242

Para minhas filhas e futuras advogadas, Maria
Fernanda e Maria Eduarda, para quem eu vivo.

*Fernando Capez*

Aos meus pais, Lúcia e Fabio, pela vida e por tanto.
Ao meu padrasto, Ricardo, sem você também não
seria possível.

Aos meus avôs, Maria e Guy, Lay e Antônio, por
terem, cada um à sua maneira, me ensinado um
pouco sobre a vida.

Ao Rafa.

*Fabia Puglisi*

# Prefácio

O Escritório das Nações Unidas sobre Drogas e Crime (UNODC) estima que a lavagem de capitais movimente algo em torno de 2% a 5% do Produto Interno Bruto (PIB) mundial. Considerando que, em 2021, o PIB mundial foi de 96,51 trilhões de dólares, a lavagem de capitais, mundialmente, movimentaria algo estimado entre 2 e 5 trilhões de dólares por ano.

Além do grave impacto econômico, a lavagem de capitais se imbrica com ilícitos penais de toda ordem e, notadamente, com a atividade criminosa organizada.

Organizações criminosas necessitam se valer de mecanismos, rudimentares ou complexos, para transformar recursos obtidos de forma espúria em ativos com aparente origem lícita, empregando-os, muitas vezes, em sociedades empresárias que atuam diretamente no mercado.

É mister, portanto, além da repressão penal clássica, proteger a livre concorrência, obstruir o fluxo financeiro de organizações criminosas e reforçar a eficácia patrimonial da persecução penal, mediante o aperfeiçoamento contínuo dos órgãos e mecanismos de controle, especialização dos órgãos incumbidos da persecução penal e intensificação da cooperação internacional.

De acordo com o relatório do Grupo de Ação Financeira Internacional (Financial Action Task Force – FATF) e do Grupo de Ação Financeira da América Latina (GAFILAT), de dezembro de 2023, o Brasil construiu um quadro jurídico e estrutural que permite em grande parte às autoridades competentes prevenir e combater a lavagem de capitais. Ainda segundo o relatório, o Brasil demonstrou manter uma forte supervisão do seu sistema financeiro, mas precisa aperfeiçoar seus mecanismos de supervisão de setores não financeiros, como a advocacia.

O enfrentamento da lavagem de capitais exige a adequada identificação de suas fases e a correta compreensão da tipologia penal correlata. Por sua vez, a efetividade da intervenção estatal depende do tempestivo emprego de medidas assecuratórias de natureza patrimonial.

Daí a importância de uma adequada reflexão, sob as lentes do direito penal e do direito processual penal, sobre a Lei n. 9.613, de 3 de março de 1998, e as profundas modificações a que foi sucessivamente submetida.

A obra que Fernando Capez e Fabia Puglisi ora trazem à luz bem analisa as normas de regência da lavagem de capitais tanto do ponto de vista doutrinário quanto jurisprudencial, não se eximindo de abordar questões polêmicas, dedicando-lhes inclusive todo um capítulo.

Não é tarefa fácil conciliar dois atributos aparentemente inconciliáveis: ser didático e analítico, sem permanecer na superficialidade da abordagem.

Fernando Capez e Fabia Puglisi conseguem, com invulgar sensibilidade, tratar de temas complexos e tormentosos com profundidade adequada e notável clarividência, à luz da jurisprudência do Superior Tribunal de Justiça e do Supremo Tribunal Federal.

Não se limitando à mera abstração teórica, construíram um verdadeiro manual prático de intelecção da Lei n. 9.613/98, de extrema utilidade para os operadores do direito.

Assim, é com incontida satisfação e imensa honra que apresento ao público uma obra vocacionada a servir de guia para todos os que necessitem compreender e bem aplicar a lei de lavagem de capitais.

São Paulo, 4 de março de 2024.

*Rodrigo Capez*
Juiz de Direito, Diretor dos cursos de Pós-Graduação em Direito da Universidade Nove de Julho (UNINOVE), Mestre e Doutor em Direito Processual Penal pela Faculdade de Direito da Universidade de São Paulo (USP), ex-Juiz Auxiliar e Juiz Instrutor no Supremo Tribunal Federal (2014-2018).

# Sumário

*Prefácio* ............................................................................ VII

## PRIMEIRA PARTE
## NOÇÕES INTRODUTÓRIAS

1. Considerações preliminares ........................................................ 3
2. Conceito ........................................................................ 4
   2.1. Origem do termo ............................................................ 5
   2.2. Outros termos utilizados ................................................... 5
3. Fases da lavagem de dinheiro ..................................................... 6
4. Documentos internacionais ........................................................ 7

## SEGUNDA PARTE
## ANÁLISE DA LEI

I. DISPOSIÇÕES ADMINISTRATIVAS ....................................................... 13
1. Dever de colaboração ............................................................. 13
2. Conselho de Controle de Atividades Financeiras (COAF) ............................ 17

II. DISPOSIÇÕES PENAIS ............................................................... 22
1. Legislação em vigor .............................................................. 22
2. Objeto jurídico .................................................................. 23
3. Objeto material .................................................................. 26
4. Tipos penais ..................................................................... 26
   4.1. Primeira modalidade típica (ocultar ou dissimular) ........................ 26
      4.1.1. Ações nucleares ....................................................... 26
      4.1.2. Sujeito ativo ......................................................... 26
      4.1.3. Elemento subjetivo – exigência de dolo direto ......................... 28
         4.1.3.1. Cegueira deliberada ............................................... 35
      4.1.4. Consumação ............................................................ 38
   4.2. Segunda modalidade típica (figuras assemelhadas) .......................... 40

| | |
|---|---|
| 4.2.1. Ações nucleares | 42 |
| 4.2.2. Sujeito ativo | 42 |
| 4.2.3. Elemento subjetivo | 42 |
| 4.2.4. Consumação | 42 |
| 4.3. Terceira modalidade típica (outras figuras equiparadas) | 43 |
| 4.3.1. Ações nucleares | 43 |
| 4.3.2. Sujeito ativo | 44 |
| 4.3.3. Elemento subjetivo | 44 |
| 4.3.4. Consumação | 44 |
| 5. Lavagem de dinheiro por omissão | 45 |
| 6. Infração penal antecedente | 50 |
| 6.1. Erro de tipo | 52 |
| 6.1.1. Infração penal antecedente e a previsão do art. 2º, § 1º | 55 |
| 6.1.2. Crime antecedente e a previsão do art. 2º, II, da lei | 57 |
| 7. Tentativa | 59 |
| 7.1. Crime impossível | 59 |
| 8. Causa de aumento de pena | 61 |
| 9. Colaboração premiada | 62 |
| 10. Ação controlada e infiltração de agentes | 64 |
| 11. Efeitos da condenação | 69 |
| 12. Prescrição | 70 |
| | |
| III. NOÇÕES PROCESSUAIS | 71 |
| 1. Rito processual | 71 |
| 2. Competência | 71 |
| 2.1. Competência por conexão | 74 |
| 2.1.1. Competência da Justiça Eleitoral em caso de conexão com crime eleitoral | 77 |
| 2.1.2. Conexão em razão do foro por prerrogativa de função | 81 |
| 3. Citação e não aplicação do art. 366 do CPP | 84 |
| 4. A revogação do art. 3º | 86 |
| 5. Medidas assecuratórias | 86 |
| 5.1. Sequestro | 89 |
| 5.1.1. Cabimento do sequestro | 89 |
| 5.1.2. Competência para o sequestro | 89 |
| 5.1.3. Requisito para a decretação do sequestro | 90 |
| 5.1.4. Procedimento do sequestro | 90 |

# Sumário

| | |
|---|---|
| 5.1.5. Embargos ao sequestro | 90 |
| 5.1.5.1. Competência para julgar os embargos | 90 |
| 5.1.6. Levantamento do sequestro | 91 |
| 5.1.7. Leilão e depósito | 91 |
| 5.2. Hipoteca legal | 91 |
| 5.2.1. Classificação | 92 |
| 5.2.2. Cabimento da hipoteca legal | 92 |
| 5.2.3. Requisitos da hipoteca legal | 93 |
| 5.2.4. Finalidades da hipoteca legal | 93 |
| 5.2.5. Liquidação da hipoteca legal | 94 |
| 5.3. Arresto | 94 |
| 5.3.1. Cabimento do arresto | 94 |
| 5.3.2. Requisitos para o arresto | 95 |
| 5.4. Medidas assecuratórias sobre bens ou valores equivalentes ao produto ou proveito do crime não encontrado ou que se encontrem no exterior (art. 91, § 2º, do CP) | 95 |
| 5.5. Medidas assecuratórias sobre excesso patrimonial não justificado (art. 91-A do CP) | 96 |
| 5.6. Busca e apreensão: medida cautelar probatória e assecuratória | 97 |
| 5.6.1. Cabimento da busca e apreensão | 98 |
| 5.6.2. Competência | 98 |
| 5.6.3. Busca em repartição pública | 98 |
| 5.6.4. Medidas assecuratórias eventuais: busca domiciliar e pessoal | 99 |
| 5.6.4.1. Busca domiciliar | 99 |
| 5.6.4.2. Busca pessoal | 100 |
| 5.7. Decretação de medidas assecuratórias para reparação do dano | 101 |
| 5.8. Liberação dos bens | 101 |
| 5.9. A questão da inversão do ônus da prova | 102 |
| 5.10. Alienação antecipada | 103 |
| 5.11. Nomeação de administrador | 104 |
| 5.12. Bens, direitos e valores oriudos de crimes praticados no estrangeiro | 105 |
| 5.13. Teses fixadas pelo STJ no tocante à aplicação de medidas assecuratórias no âmbito da Lei de Lavagem de Dinheiro | 107 |

XII     *Lavagem de dinheiro – Comentários à Lei n. 9.613/98*

IV. DISPOSIÇÕES GERAIS..................................................................... 109
1. Aplicação subsidiária do Código de Processo Penal....................... 109
2. Acesso aos dados cadastrais do investigado................................... 109
3. Prestação de informações financeiras e tributárias........................ 110
4. Afastamento do servidor público..................................................... 110
5. Prazo de armazenamento dos dados fiscais do contribuinte......... 111

## TERCEIRA PARTE
## QUESTÕES POLÊMICAS

1. Princípio da consunção: corrupção passiva e lavagem de dinheiro... 115
2. Posse, uso e aquisição de bens: atipicidade..................................... 115
3. Lavagem de dinheiro nas doações eleitorais.................................... 119
4. O caso do advogado e o sigilo profissional...................................... 121

## QUARTA PARTE
## COMPILADO DE JURISPRUDÊNCIA

1. Introdução............................................................................................ 127
2. Superior Tribunal de Justiça.............................................................. 127
   2.1. Conexão: é facultativa a reunião de processos por crime de lavagem e o delito antecedente, de acordo com o interesse da persecução penal............................................................................ 127
   2.2. O crime anterior de corrupção passiva não absorve a subsequente lavagem de dinheiro praticada pelo mesmo autor........... 127
   2.3. Indisponibilidade cautelar de bens pode alcançar bens de origem lícita ou ilícita, adquiridos antes ou depois da infração penal..................................................................................................... 128
   2.4. Compete à justiça estadual o julgamento de pirâmide financeira quando não há evasão de divisas ou ofensa a interesses da União.................................................................................................... 128
   2.5. Não obrigatoriedade da descrição detalhada do crime antecedente na denúncia de lavagem de dinheiro............................. 129
   2.6. Cabimento de apelação (art. 593, II, do CPP) para liberação parcial ou total dos bens bloqueados (Lei de Lavagem, art. 4º, §§ 2º e 3º)........................................................................................ 129
   2.7. Impossibilidade de continuidade delitiva entre os crimes contra o sistema financeiro nacional e lavagem de dinheiro........ 130

## Sumário

2.8. A realização de empréstimos pessoais de forma reiterada pode configurar lavagem de dinheiro .................................... 130

2.9. O autor da lavagem não precisa atuar como coautor ou partícipe do crime antecedente ..................................................... 131

2.10. A denúncia por lavagem de dinheiro deverá conter justa causa duplicada ................................................................... 131

2.11. O tipo penal do art. 1º da Lei n. 9.613/98 é de ação múltipla ou conteúdo variado (plurinuclear) ..................................... 132

2.12. O crime de lavagem tipificado no art. 1º da Lei n. 9.613/98 constitui crime autônomo em relação às infrações penais antecedentes ...................................................................... 132

2.13. O crime de lavagem, quando praticado na modalidade típica de ocultar, é permanente ............................................... 133

2.14. A aquisição de bens em nome de interposta pessoa pode caracterizar lavagem de dinheiro ........................................... 134

2.15. Modificação da competência em atenção à razoável duração do processo e celeridade de sua tramitação ......................... 134

2.16. Compete à justiça brasileira julgar os crimes de lavagem de dinheiro cometidos, ainda que parcialmente, no território nacional ............................................................................... 135

2.17. Competência para decidir sobre a reunião dos processos ..... 135

2.18. A prescrição da infração penal antecedente não implica atipicidade do delito de lavagem .............................................. 136

2.19. Atipicidade da organização criminosa como crime antecedente da lavagem de dinheiro antes do advento da Lei n. 12.850/2013 ....................................................................... 136

2.20. Exasperação da pena-base em decorrência da movimentação de expressiva quantia de recursos ........................................ 137

2.21. A incidência simultânea do aumento da continuidade delitiva (art. 70 do CP) e do § 4º do art. 1º da Lei n. 9.613/98 acarreta *bis in idem* .................................................................. 137

2.22. Os familiares e parentes próximos de pessoas politicamente expostas (PPE) sujeitam-se ao controle estabelecido na Lei de Lavagem de Dinheiro ...................................................... 137

2.23. Deferimento de medida assecuratória em desfavor de pessoa jurídica que se beneficia de produtos decorrentes do crime de lavagem ........................................................................... 138

2.24. Norma processual: incidência imediata das medidas assecuratórias do art. 4º da Lei n. 9.613/98, trazidas pela Lei n. 12.683/2012 .................................................................... 138

3. Jurisprudência do STF........................................................................ 139
3.1. Exaurimento do crime de corrupção passiva......................... 139
3.2. O depósito fracionado do dinheiro em conta corrente e lavagem de dinheiro........................................................................ 140
3.3. Corrupção passiva e lavagem de dinheiro............................... 140
3.4. O crime de lavagem de dinheiro é autônomo em relação ao delito antecedente sendo possível a autolavagem..................... 141
3.5. Dever do Ministério Público de narrar e apontar indícios da infração penal antecedente na denúncia...................................... 142
3.6. O recebimento dos recursos por via dissimulada, como o depósito em contas de terceiros, não configura a lavagem de dinheiro........................................................................................ 142
3.7. Competência da justiça brasileira para julgar lavagem de dinheiro oriunda de crime contra sociedade de economia mista, cometida no exterior................................................................... 143
3.8. O crime de lavagem de dinheiro, na modalidade de ocultar, configura crime de natureza permanente..................................... 144
3.9. A lavagem de dinheiro é crime autônomo em relação a delitos contra o sistema financeiro ......................................................... 144
3.10. Inadmissibilidade da responsabilização penal de partido político ou empresa pública ou privada por crime de lavagem de dinheiro........................................................................................ 145
3.11. Organização criminosa não pode ser considerada antecedente da lavagem de dinheiro antes do Decreto n. 5.015/2004.. 145
3.12. O crime de lavagem de dinheiro não depende da instauração de processo administrativo-fiscal............................................. 145

Bibliografia ............................................................................................ 147

# PRIMEIRA PARTE
## NOÇÕES INTRODUTÓRIAS

## 1. CONSIDERAÇÕES PRELIMINARES

O Brasil assumiu o compromisso de reprimir a lavagem de dinheiro proveniente do tráfico ilícito de drogas em 1988, ao aderir à Convenção das Nações Unidas contra o Tráfico Ilícito de Entorpecentes e Substâncias Psicotrópicas, conhecida como Convenção de Viena, a qual foi ratificada pelo Decreto n. 154/91. Em maio de 1991, na Assembleia Geral da ONU em Bahamas, foi aprovado o Regulamento Modelo sobre Delitos de Lavagem Relacionados com o Tráfico Ilícito de Drogas e Delitos Conexos. Em dezembro de 1994, na Cúpula das Américas – reunião integrada pelos chefes de Estado e de governo dos países americanos –, foi firmado um Plano de Ação, segundo o qual seria sancionada como ilícito penal a lavagem dos rendimentos oriundos de crimes graves. Em dezembro de 1995, na Conferência Ministerial sobre a Lavagem de Dinheiro e Instrumento do Crime, realizada em Buenos Aires, o Brasil firmou a Declaração de Princípios relativa ao tema, inclusive no tocante à tipificação da conduta e disposição de regras processuais. Foi somente em 3 de março de 1998, no entanto, que foi aprovada a Lei n. 9.613/98, tipificando como infração penal a lavagem de dinheiro. No mesmo diploma foi criado o Conselho de Controle de Atividades Financeiras (COAF), atrelado ao Ministério da Fazenda, cuja função primordial consiste em "promover o esforço conjunto por parte dos vários órgãos governamentais do Brasil que cuidam da implementação de políticas nacionais voltadas para o combate à lavagem de dinheiro, evitando que setores da economia continuem sendo utilizados nessas operações ilícitas"[1]. Em 2019, medida provisória (n. 893/2019) alterou o nome do COAF para Unidade de Inteligência Financeira (UIF), contudo, a mudança foi rejeitada pelo Congresso. A referida medida provisória foi convertida na Lei n. 13.974/2020, a qual reestruturou o COAF, que passou a ser atrelado ao Banco Central.

---

[1] *Cartilha sobre Lavagem de Dinheiro*. Brasília: Ministério da Fazenda; COAF, [s.d.].

Outro marco de extrema importância no combate ao crime de lavagem de dinheiro foi a aprovação da Convenção das Nações Unidas contra a Delinquência Organizada Transnacional (Convenção de Roma), ratificada pelo Decreto n. 231/2003, na qual, finalmente, foi definido o conceito de *grupo criminoso organizado*, conforme o art. 2º, *a*, da mencionada Convenção. Tal definição assume especial relevo, na medida em que grande parte dos bens, direitos e valores ilícitos submetidos à operação de branqueamento é proveniente de ações realizadas pelo crime organizado. A Lei n. 12.850/2013 definiu o crime de organização criminosa como "a associação de 4 (quatro) ou mais pessoas estruturalmente ordenada e caracterizada pela divisão de tarefas, ainda que informalmente, com objetivo de obter, direta ou indiretamente, vantagem de qualquer natureza, mediante a prática de infrações penais cujas penas máximas sejam superiores a 4 (quatro) anos, ou que sejam de caráter transnacional" (art. 1º, § 1º, da Lei n. 12.850/2013).

A Lei das Organizações Criminosas também traz regras e procedimentos a serem utilizados pela Lei n. 9.613/98, por exemplo, colaboração premiada, ação controlada e infiltração de agentes, temas a serem oportunamente tratados nesta obra.

## 2. CONCEITO

Lavagem de dinheiro consiste no processo por meio do qual se opera a transformação de recursos obtidos de forma ilícita em ativos com aparente origem legal, inserindo, assim, um grande volume de fundos nos mais diversos setores da economia. É a sequência de atos praticados para mascarar a natureza, origem, localização, disposição, movimentação ou propriedade de bens, valores e direitos provenientes de crimes ou contravenções penais[2]. Entende-se por lavagem de dinheiro o processo composto por fases sucessivas, que tem por finalidade introduzir na economia ou no sistema financeiro bens, direitos ou valores procedentes de infração penal, ocultando sua origem delitiva[3].

---

[2] BADARÓ, Gustavo Henrique; BOTTINI, Pierpaolo Cruz. *Lavagem de dinheiro*: aspectos penais e processuais penais: comentários à Lei n. 9.613/98, com alterações da Lei n. 12.683/2012. 5. ed. São Paulo: Revista dos Tribunais, 2023. p. 25.

[3] BONFIM, Marcia Monassi Mougenot; BONFIM, Edilson Mougenot. *Lavagem de dinheiro*. 2. ed. São Paulo: Malheiros, 2008. p. 28.

## 2.1. Origem do termo

Especula-se que a expressão "lavagem de dinheiro" foi utilizada inicialmente pelas autoridades norte-americanas e organizações mafiosas para descrever o método utilizado no século passado, na década de 1930, para justificar a origem de recursos ilícitos, mediante a exploração de máquinas de lavar roupa automáticas[4] e de lavadoras de automóveis, daí o termo *money laundering*.

Judicialmente, foi utilizada pela primeira vez em 1982 no Tribunal do Estado da Flórida, em caso no qual se postulava a perda de valores provenientes do tráfico de entorpecentes.

Ainda há aqueles que identificam o uso do termo em 1978, na Inglaterra, no caso Birman Properties Limited × Barclays Bank Limited & Anor, Standfield Properties Ltda. × National Westminister Bank[5].

## 2.2. Outros termos utilizados

Como se viu, ao tipificar o delito em comento, o legislador optou pela rubrica "crimes de lavagem ou ocultação de bens, direitos e valores" (Lei n. 9.613/98, com importantes alterações feitas pela Lei n. 12.683/2012). No mesmo sentido, Estados Unidos e Inglaterra (*money laundering*), Alemanha (*geldwäsche*) e Argentina (*lavado de dinero*).

Outros países, como a Itália, utilizam o termo "reciclagem" (*riciclaggio*).

Ainda, aqueles que preferem "branqueamento", como Portugal (*branqueamento*), Espanha (*blanqueo*) e França (*blanchiment*).

O legislador brasileiro rechaçou expressamente o termo "braqueamento", o qual, além de tudo, possui conotação preconceituosa (cf. Exposição de Motivos do primeiro texto da Lei de Lavagem de Dinheiro – EM n. 962/MJ/96):

"13. Finalmente, a adoção do termo 'branqueamento', como proposto no texto original, não parece adequada, já que tal expressão não traduz com precisão a ideia central do diploma legal. Com efeito, o termo em questão faz alusão a uma atividade química, na qual se retira a

---

[4] BLANCO CORDERO, Isidoro. *El delito de blanqueo de capitales*. 2. ed. Navarra: Arazandi, 2002. p. 86.
[5] ALLDRIDGE, Peter. *What went wrong with money laudering law?* Londres: Palgrave Pivot, 2016. p. 9.

cor de uma substância, e nada tem a ver com a transformação de dinheiro sujo em dinheiro limpo, que é o que se pretende coibir."

## 3. FASES DA LAVAGEM DE DINHEIRO

A lavagem de dinheiro, como atividade complexa e concatenada que é, comporta algumas fases. Registre-se que diversas são as técnicas utilizadas com a finalidade de ocultar a origem ilícita do bem: "Na primeira fase (introdução), uma das técnicas mais conhecidas e utilizadas internacionalmente é o fracionamento de grandes quantias em valores menores que, ao serem depositados em instituições financeiras, não ficam sujeitos ao dever de informar determinado por lei, e, portanto, livram-se de qualquer fiscalização. Podemos citar ainda a troca de moeda – compra de dólares em pequenas quantidades, especialmente em locais turísticos, e o contrabando de dinheiro em espécie. Também, a utilização de empresas de fachada, onde o dinheiro lícito mistura-se com o ilícito. Na segunda fase (transformação), em geral se realizam inúmeras operações financeiras, destacando-se as transferências bancárias e eletrônicas, responsáveis pela movimentação de milhões de dólares em transações internacionais. Um dos métodos mais avançados é a venda fictícia de ações na bolsa de valores (o vendedor e o comprador, previamente ajustados, fixam um preço artificial para as ações de compra). É comum nesta fase, também, a transformação dessas quantias em bens móveis e imóveis. Quanto aos primeiros, costuma-se adquirir bens que possam ser postos em circulação rápida em diferentes países, como ouro, joias e pedras preciosas. Por fim, na terceira e última fase (integração) destacam-se os negócios imobiliários, como um dos mecanismos mais empregados"[6].

Agora, vejamos as fases da lavagem de dinheiro:

(i) *Placement*: *também conhecida na doutrina como etapa da introdução*. Nessa primeira fase, busca-se introduzir o dinheiro ilícito no sistema financeiro. Promove-se, assim, o distanciamento dos recursos de sua origem, a fim de evitar qualquer ligação entre o agente e o produto oriundo do cometimento de crime prévio. Segundo a Cartilha de Lavagem de Dinheiro do Conselho de Controle de Atividades Financeiras, nessa fase, "para dificultar a identificação da procedência do dinheiro,

---

[6] BONFIM, Marcia Monassi Mougenot; BONFIM, Edilson Mougenot. *Lavagem de dinheiro*. 2. ed. São Paulo: Malheiros, 2008. p. 37-40.

os criminosos aplicam técnicas sofisticadas e cada vez mais dinâmicas, tais como o fracionamento dos valores que transitam pelo sistema financeiro e a utilização de estabelecimentos comerciais que usualmente trabalham com dinheiro em espécie".

**(ii)** *Layering*: também conhecida na doutrina como etapa da transformação, ocultação ou dissimulação, na qual é realizada uma série de negócios ou movimentações financeiras, objetivando impedir o rastreamento e encobrir a procedência ilícita dos recursos.

**(iii)** *Integration*: por fim, o último passo é o da integração, no qual os bens, já com a aparência de regulares, são formalmente incorporados ao sistema econômico, em geral mediante operações no mercado mobiliário.

Para o Supremo Tribunal Federal, as três fases não precisam ocorrer para configurar a lavagem de capitais, ou seja, basta uma delas, de forma alternativa, para a caracterização do delito de lavagem de capitais, conforme se extrai do julgamento da AP n. 470/MG, o qual resultou também na edição do Informativo n. 679, de setembro de 2012[7]: "Didaticamente, todos sabemos, o processo de lavagem comporta divisão em três etapas, a saber, a ocultação, a dissimulação e a reintegração do capital na economia, sendo pacífico que a atuação em apenas uma delas, ou em seu conjunto, basta, à luz da legislação brasileira, para delinear o tipo penal". Ainda, "suficiente, portanto, para fins de condenação, a prova da autoria e materialidade de uma das etapas da lavagem de dinheiro".

## 4. DOCUMENTOS INTERNACIONAIS

A dissimulação da origem ilícita dos recursos financeiros, tornando-os aparentemente legítimos, é motivo de preocupação na comunidade internacional, devido ao seu impacto negativo na economia, segurança e estabilidade financeira dos países. Além de afetar a administração da justiça por criar obstáculo ao rastreamento do produto de crime, dificulta sua investigação e processamento.

Some-se a isso a dinâmica das organizações criminosas, a qual torna-na possível que se mantenha operante mesmo diante do encarceramen-

---

[7] "Anotou que cada uma dessas 3 fases seria suficiente para, isoladamente, caracterizar o delito de lavagem de dinheiro" (AP n. 470/MG, Rel. Min. Joaquim Barbosa, 13-9-2012).

to de seus membros, ante a possibilidade da manutenção da cadeia de comando através de ordens emitidas de dentro da prisão ou pela fungibilidade de seus integrantes. A mola propulsora dessas organizações é o dinheiro, sendo de rigor que seu combate envolva o confisco dos recursos que sustentam suas estruturas operacionais (*follow the money*).

A natureza transnacional desses grupos criminosos gerou a necessidade de políticas de cooperação internacional, com o escopo de aprimorar os sistemas de comunicação entre as autoridades, promover atividades de investigação conjunta e buscar harmonização entre as legislações vigentes.

Nesse contexto, diversos documentos e tratados internacionais têm desempenhado papel fundamental no combate e prevenção à lavagem de dinheiro, promovendo a cooperação entre os países e estabelecendo diretrizes e padrões comuns.

Um dos marcos importantes no combate à lavagem de dinheiro, como mencionado anteriormente, foi a Convenção de Viena de 1988 das Nações Unidas contra o Tráfico Ilícito de Entorpecentes e Substâncias Psicotrópicas, incorporada ao ordenamento jurídico brasileiro pelo Decreto n. 154/91. Ainda que seu foco principal seja o tráfico de drogas, a Convenção reconheceu a lavagem de dinheiro como uma infração relacionada e estabeleceu medidas para prevenção, investigação e repressão à sua prática. Embora não empregue o termo "lavagem de dinheiro", traz previsões acerca da ocultação e transferência dissimulada de bens e valores provenientes do tráfico de drogas. Em seu art. 3º, 1, *b*, *i*, a Convenção determina aos países signatários a tipificação em seu direito interno, quando cometidos internacionalmente, *da conversão ou a transferência de bens*, com conhecimento de serem os bens procedentes de algum ou alguns dos delitos lá estabelecidos, ou a prática de condutas *com o objetivo de ocultar ou encobrir a origem ilícita dos bens*.

Além disso, reiterou o princípio segundo o qual o sigilo bancário não deve impedir as investigações penais no âmbito da cooperação internacional. A Convenção, ainda, influenciou o desenvolvimento dos meios de investigação e a elaboração das regras sobre confisco, extradição e assistência judicial.

Outro instrumento crucial é o Grupo de Ação Financeira contra Lavagem de Dinheiro (GAFI/FATF). Fundado em 1989 pelo grupo dos sete países mais industrializados (G7) com a finalidade de combater a lavagem de dinheiro, o GAFI é uma organização intergovernamental que já publicou 40 Recomendações e um conjunto de padrões internacionais amplamente adotados no combate à lavagem de dinheiro, financiamento do terrorismo e proliferação de armas de destruição em massa. As Recomendações foram atualizadas pela primeira vez em 1996 e, em junho de 2003, uma nova redação foi aprovada em Berlim. Após o atentado terrorista às Torres Gêmeas em 2001, foram aprovadas oito Recomendações especiais com a finalidade de combater o terrorismo. Essas recomendações têm influenciado a legislação e as políticas nacionais de diversos países. O Brasil é membro do grupo desde junho de 2000.

A Convenção de Palermo de 2000 das Nações Unidas contra o Crime Organizado Transnacional, incorporada ao ordenamento jurídico brasileiro pelo Decreto n. 5.015/2004, tem por objetivo central o combate às organizações criminosas em suas diversas modalidades. Embora também não seja exclusivamente focada na lavagem de dinheiro, exige que os Estados adotem medidas para criminalizar, investigar e confiscar os produtos de crime, incluindo recursos resultantes da lavagem de dinheiro, com a previsão de medidas de regulação e controle de bancos e demais instituições sensíveis; define crime organizado e traz expressamente o conceito de lavagem de dinheiro. Em seu art. 6º, 1, *a*, *i*, determina que cada Estado-parte deverá tipificar em seu ordenamento interno, quando praticada intencionalmente, *a conversão ou transferência de bens, quando quem o faz tem conhecimento de que esses bens são produto do crime, com o propósito de ocultar ou dissimular a origem ilícita dos bens*. No mesmo sentido, o art. 7º estabelece medidas para o combate à lavagem de dinheiro, dentre as quais destacamos a instituição de regime interno completo de regulamentação e controle dos bancos e instituições financeiras não bancárias e, quando se justifique, de outros organismos especialmente suscetíveis de serem utilizados para a lavagem de dinheiro (art. 7º, 1, *a*) e a cooperação bilateral, em escala mundial, regional, sub-regional, entre as autoridades judiciais, os organismos de detecção e repressão e as autoridades de regulamentação financeira, a fim de combater a lavagem de dinheiro (art. 7º, 4).

No âmbito da União Europeia, as diretivas sobre a prevenção da utilização do sistema financeiro para lavagem de dinheiro e financiamento do terrorismo são instrumentos-chave. Essas diretivas estabelecem regras e medidas que devem ser seguidas pelos países-membros, visando a prevenir e combater a lavagem de dinheiro e o financiamento do terrorismo.

A Convenção das Nações Unidas contra a Corrupção (UNCAC) também merece destaque. Embora não seja exclusivamente voltada para a lavagem de dinheiro, a UNCAC contém disposições para prevenir, investigar e reprimir a lavagem de dinheiro como parte integrante do combate à corrupção, como a regulamentação e supervisão dos bancos e das instituições financeiras não bancárias, incluídas as pessoas físicas ou jurídicas que prestem serviços oficiais ou oficiosos de transferência de dinheiro ou valores e, quando proceder, outros órgãos situados dentro de sua jurisdição que sejam particularmente suspeitos de utilização para a lavagem de dinheiro, a fim de prevenir e detectar todas as formas de lavagem de dinheiro (art. 14, 1, *a*); e a exigência de que instituições financeiras incluam nos formulários de transferência eletrônica de fundos e mensagens conexas informação exata e válida sobre o remetente, mantenham essa informação durante todo o ciclo de operação e examinem de maneira mais minuciosa as transferências de fundos que não contenham informação completa sobre o remetente (art. 14, 3). Além disso, incentiva a cooperação internacional, promovendo a troca de informações e experiências entre os países (art. 14, 5).

# SEGUNDA PARTE
## ANÁLISE DA LEI

# I. Disposições administrativas

## 1. DEVER DE COLABORAÇÃO

A Lei de Lavagem de Dinheiro traz em seu art. 9º um extenso rol de pessoas físicas e jurídicas as quais, em razão da atividade que desempenham em setores sensíveis, seja em caráter permanente ou eventual, como atividade principal acessória, devem colaborar com a fiscalização e identificação de práticas delitivas para intensificar o combate à lavagem de dinheiro, quais sejam:

> Art. 9º Sujeitam-se às obrigações referidas nos arts. 10 e 11 as pessoas físicas e jurídicas que tenham, em caráter permanente ou eventual, como atividade principal ou acessória, cumulativamente ou não:
> I – a captação, intermediação e aplicação de recursos financeiros de terceiros, em moeda nacional ou estrangeira.
> II – a compra e venda de moeda estrangeira ou ouro como ativo financeiro ou instrumento cambial.
> III – a custódia, emissão, distribuição, liquidação, negociação, intermediação ou administração de títulos ou valores mobiliários.

O parágrafo único traz um rol de colaboradores coobrigados equiparados. Vejamos:

> Parágrafo único. Sujeitam-se às mesmas obrigações:
> I – as bolsas de valores, as bolsas de mercadorias ou futuros e os sistemas de negociação do mercado de balcão organizado.
> II – as seguradoras, as corretoras de seguros e as entidades de previdência complementar ou de capitalização.
> III – as administradoras de cartões de credenciamento ou cartões de crédito, bem como as administradoras de consórcios para aquisição de bens ou serviços.
> IV – as administradoras ou empresas que se utilizem de cartão ou qualquer outro meio eletrônico, magnético ou equivalente, que permita a transferência de fundos.
> V – as empresas de arrendamento mercantil (*leasing*), as empresas de fomento comercial (*factoring*) e as Empresas Simples de Crédito (ESC).

VI – as sociedades que, mediante sorteio, método assemelhado, exploração de loterias, inclusive de apostas de quota fixa, ou outras sistemáticas de captação de apostas com pagamento de prêmios, realizem distribuição de dinheiro, de bens móveis, de bens imóveis e de outras mercadorias ou serviços, bem como concedam descontos na sua aquisição ou contratação.

VII – as filiais ou representações de entes estrangeiros que exerçam no Brasil qualquer das atividades listadas neste artigo, ainda que de forma eventual.

VIII – as demais entidades cujo funcionamento dependa de autorização de órgão regulador dos mercados financeiro, de câmbio, de capitais e de seguros.

IX – as pessoas físicas ou jurídicas, nacionais ou estrangeiras, que operem no Brasil como agentes, dirigentes, procuradoras, comissionárias ou por qualquer forma representem interesses de ente estrangeiro que exerça qualquer das atividades referidas neste artigo.

X – as pessoas físicas ou jurídicas que exerçam atividades de promoção imobiliária ou compra e venda de imóveis.

XI – as pessoas físicas ou jurídicas que comercializem joias, pedras e metais preciosos, objetos de arte e antiguidades.

XII – as pessoas físicas ou jurídicas que comercializem bens de luxo ou de alto valor, intermedeiem a sua comercialização ou exerçam atividades que envolvam grande volume de recursos em espécie.

XIII – as juntas comerciais e os registros públicos.

XIV – as pessoas físicas ou jurídicas que prestem, mesmo que eventualmente, serviços de assessoria, consultoria, contadoria, auditoria, aconselhamento ou assistência, de qualquer natureza, em operações:
a) de compra e venda de imóveis, estabelecimentos comerciais ou industriais ou participações societárias de qualquer natureza.
b) de gestão de fundos, valores mobiliários ou outros ativos.
c) de abertura ou gestão de contas bancárias, de poupança, investimento ou de valores mobiliários.
d) de criação, exploração ou gestão de sociedades de qualquer natureza, fundações, fundos fiduciários ou estruturas análogas.
e) financeiras, societárias ou imobiliárias.
f) de alienação ou aquisição de direitos sobre contratos relacionados a atividades desportivas ou artísticas profissionais.

XV – pessoas físicas ou jurídicas que atuem na promoção, intermediação, comercialização, agenciamento ou negociação de direitos de transferência de atletas, artistas ou feiras, exposições ou eventos similares.

XVI – as empresas de transporte e guarda de valores.

XVII – as pessoas físicas ou jurídicas que comercializem bens de alto valor de origem rural ou animal ou intermedeiem a sua comercialização.

XVIII – as dependências no exterior das entidades mencionadas neste artigo, por meio de sua matriz no Brasil, relativamente a residentes no País.

XIX – as prestadoras de serviços de ativos virtuais.

/ I. Disposições administrativas

> ATENÇÃO: Até 2012, o dever de colaboração obrigava apenas as pessoas jurídicas, mas com a alteração do rol de infrações antecedentes, fez-se necessária também a ampliação de colaboradores.

Vale destacar que os familiares e parentes próximos de pessoas que ocupem cargos ou funções públicas relevantes (pessoas politicamente expostas – PPE) sujeitam-se também ao controle estabelecido nos arts. 10 e 11, nos termos do art. 2º da Resolução n. 29/2017, do COAF, com o intuito de se apurar possível prática de lavagem de dinheiro. Nesse sentido, o STJ na APn n. 922/DF[1].

Nos arts. 10 e 11 estão elencados os deveres e obrigações destinados aos agentes taxados no art. 9º, consistentes em:

Art. 10. As pessoas referidas no art. 9º:

I – identificarão seus clientes e manterão cadastro atualizado, nos termos de instruções emanadas das autoridades competentes.

II – manterão registro de toda transação em moeda nacional ou estrangeira, títulos e valores mobiliários, títulos de crédito, metais, ativos virtuais, ou qualquer ativo passível de ser convertido em dinheiro, que ultrapassar limite fixado pela autoridade competente e nos termos de instruções por esta expedidas.

III – deverão adotar políticas, procedimentos e controles internos, compatíveis com seu porte e volume de operações, que lhes permitam atender ao disposto neste artigo e no art. 11, na forma disciplinada pelos órgãos competentes.

IV – deverão cadastrar-se e manter seu cadastro atualizado no órgão regulador ou fiscalizador e, na falta deste, no Conselho de Controle de Atividades Financeiras (COAF), na forma e condições por eles estabelecidas.

V – deverão atender às requisições formuladas pelo COAF na periodicidade, forma e condições por ele estabelecidas, cabendo-lhe preservar, nos termos da lei, o sigilo das informações prestadas.

§ 1º Na hipótese de o cliente constituir-se em pessoa jurídica, a identificação referida no inciso I deste artigo deverá abranger as pessoas físicas autorizadas a representá-la, bem como seus proprietários.

§ 2º Os cadastros e registros referidos nos incisos I e II deste artigo deverão ser conservados durante o período mínimo de cinco anos a partir do encerramento da conta ou da conclusão da transação, prazo este que poderá ser ampliado pela autoridade competente.

---

[1] APn n. 922/DF, Rel. Min. Nancy Andrighi, CE, j. 5-6-2019, *DJe* 12-6-2019.

§ 3º O registro referido no inciso II deste artigo será efetuado também quando a pessoa física ou jurídica, seus entes ligados, houver realizado, em um mesmo mês-calendário, operações com uma mesma pessoa, conglomerado ou grupo que, em seu conjunto, ultrapassem o limite fixado pela autoridade competente.

Art. 11. As pessoas referidas no art. 9º:

I – dispensarão especial atenção às operações que, nos termos de instruções emanadas das autoridades competentes, possam constituir-se em sérios indícios dos crimes previstos nesta Lei, ou com eles relacionar-se.

II – deverão comunicar ao COAF, abstendo-se de dar ciência de tal ato a qualquer pessoa, inclusive àquela à qual se refira a informação, no prazo de 24 (vinte e quatro) horas, a proposta ou realização:

a) de todas as transações referidas no inciso II do art. 10, acompanhadas da identificação de que trata o inciso I do mencionado artigo.

b) das operações referidas no inciso I.

III – deverão comunicar ao órgão regulador ou fiscalizador da sua atividade ou, na sua falta, ao COAF, na periodicidade, forma e condições por eles estabelecidas, a não ocorrência de propostas, transações ou operações passíveis de serem comunicadas nos termos do inciso II.

§ 1º As autoridades competentes, nas instruções referidas no inciso I deste artigo, elaborarão relação de operações que, por suas características, no que se refere às partes envolvidas, valores, forma de realização, instrumentos utilizados, ou pela falta de fundamento econômico ou legal, possam configurar a hipótese nele prevista.

§ 2º As comunicações de boa-fé, feitas na forma prevista neste artigo, não acarretarão responsabilidade civil ou administrativa.

§ 3º O COAF disponibilizará as comunicações recebidas com base no inciso II do *caput* aos respectivos órgãos responsáveis pela regulação ou fiscalização das pessoas a que se refere o art. 9º.

Ainda, a lei determina que o Banco Central mantenha registro e cadastro geral de correntistas e clientes de instituições financeiras, bem como de seus procuradores (art. 10-A) e que as transferências internacionais e os saques em espécie deverão ser previamente comunicados à instituição financeira, nos termos, limites, prazos e condições fixados pelo Banco Central do Brasil (art. 11-A).

Dentre os principais deveres elencados nas tabelas acima, enfatizamos: a) o *know your client*, consistente na obrigação de coletar e manter informações atualizadas sobre seus clientes e as operações por eles realizadas, a fim de identificar e mitigar o risco de envolvimento em atividades ilícitas, como a lavagem de dinheiro; b) a comunicação de

# I. Disposições administrativas

atividades suspeitas (dever de notificação): obrigação de comunicar às autoridades competentes sobre transações suspeitas; e c) o *compliance* (dever de integridade): obrigação de adotar políticas, procedimentos e controles internos, compatíveis com seu porte e volume de operações, os quais lhes permitam atender ao disposto na lei.

Em caso de descumprimento das obrigações elencadas nos arts. 10 e 11, a lei prevê a aplicação, cumulativa ou não, das penas de advertência (art. 12, I), multa pecuniária com valor estabelecido de acordo com os parâmetros legalmente fixados (art. 12, II), inabilitação temporária, pelo prazo de até dez anos, para o exercício do cargo de administrador das pessoas jurídicas referidas no art. 9º da Lei de Lavagem (art. 12, III) e cassação ou suspensão da autorização para o exercício de atividade, operação ou funcionamento (art. 12, IV).

A pena de advertência será cabível no caso de irregularidade no cumprimento do disposto nos incisos I e II do art. 10 (art. 12, § 1º).

A aplicação da multa dar-se-á quando as pessoas referidas no art. 9º, por culpa ou dolo, deixarem de sanar as irregularidades objeto de advertência, no prazo assinalado pela autoridade competente, não cumprirem o disposto nos incisos I a IV do art. 10, deixarem de atender, no prazo estabelecido, a requisição formulada nos termos do inciso V do art. 10 e descumprirem a vedação ou deixarem de fazer a comunicação a que se refere o art. 11 (art. 12, § 2º).

A inabilitação temporária terá cabimento em caso de infrações graves ao cumprimento das obrigações constantes da Lei de Lavagem de Capitas ou quando ocorrer reincidência específica, devidamente caracterizada em transgressões anteriormente punidas com multa (art. 12, § 3º).

Por fim, a cassação da autorização será aplicada nos casos de reincidência específica de infrações anteriormente punidas com a pena de inabilitação temporária (art. 12, § 4º).

## 2. CONSELHO DE CONTROLE DE ATIVIDADES FINANCEIRAS (COAF)

O COAF, em linhas gerais, foi criado com a finalidade de: a) disciplinar e aplicar penas administrativas; b) receber, examinar e identificar as ocorrências suspeitas de atividades ilícitas; c) coordenar e propor mecanismos de cooperação e troca de informações capazes de viabilizar ações rápidas e eficientes no combate à ocultação ou dissimulação de bens, direitos e valores; e d) comunicar às autoridades competentes para a instauração dos procedimentos cabíveis, quando concluir pela existência de crimes de lavagem de dinheiro, fundados indícios de sua prática, ou de qualquer outro ilícito.

Sua natureza administrativa impede que o órgão investigue, decrete medidas cautelares ou mesmo requeira a instauração de investigação de qualquer espécie, sendo um órgão voltado ao registro de dados bancários, fiscais e financeiros. Tampouco pode quebrar sigilo telefônico, telemático ou fiscal, mas tem poder para requisitar informações aos órgãos da Administração Pública de pessoas envolvidas em atividades suspeitas.

O COAF é responsável pela elaboração dos chamados Relatórios de Inteligência Financeira (RIFs). O RIF não veicula juízos acusatórios e nem mesmo prova de crime. Nesse sentido, o STF: "A Unidade de Inteligência Financeira não é um órgão investigativo. Portanto, nem sua base de dados nem o RIF constituem prova criminal"[2].

Os RIFs poderão ser encaminhados às autoridades competentes para instauração de procedimentos investigatórios, todavia, essas autoridades não podem acessar diretamente sua base de dados, pois o órgão guarda autonomia para definir quais dados e de que forma eles serão compartilhados, de acordo com a finalidade específica. Trata-se do chamado direito à autodeterminação informativa, que limita o uso dos dados pessoais recolhidos pelo Estado às finalidades específicas previstas em lei[3]. O STF também reconheceu a autonomia do COAF para decidir quais casos analisar, quais usar em seus relatórios, o método de avaliação e classificação das informações e quais autoridades podem ter acesso aos seus documentos[4].

Com o objetivo de evitar a utilização do COAF com finalidades políticas ou persecutórias, em afronta ao princípio da impessoalidade, o STF reconheceu sua autonomia na escolha de quais casos analisar e quais relatórios produzir, bem como com quais autoridades compartilhá-los: "A UIF não é obrigada a gerar ou disseminar relatórios por solicitação das autoridades investigativas competentes (Ministério

---

[2] RE n. 1.055.941/SP, Rel. Min. Dias Toffoli, j. 28-11-2018, *DJe* 19-2-2019.
[3] BADARÓ, Gustavo Henrique; BOTTINI, Pierpaolo Cruz. *Lavagem de dinheiro*: aspectos penais e processuais penais: comentários à Lei n. 9.613/98, com alterações da Lei n. 12.683/2012. 5. ed. São Paulo: Revista dos Tribunais, 2023. p. 51 e 52.
[4] RE n. 1.055.941/SP, Rel. Min. Dias Toffoli, j. 28-11-2018, *DJe* 19-2-2019.

Público ou autoridade policial)"[5]. Do mesmo modo a Recomendação n. 29 do GAFI: "A UIF deverá ser operacionalmente independente e autônoma, o que significa que a UIF deverá ter autoridade e capacidade de desenvolver suas funções livremente, inclusive tomar por conta própria a decisão de analisar, solicitar e/ou disseminar informações específicas. Em todos os casos, isso significa que a UIF tem o direito independente de encaminhar ou disseminar informações para autoridades competentes".

Ao julgar a Repercussão Geral no RE n. 1.055.941/SP[6], o Supremo Tribunal Federal fixou o Tema n. 990, consistente na possibilidade de compartilhamento com o Ministério Público, para fins penais, dos dados bancários e fiscais do contribuinte, obtidos pela Receita Federal no legítimo exercício de seu dever de fiscalizar, sem autorização prévia do Poder Judiciário. De acordo com o julgado, é constitucional o compartilhamento dos Relatórios de Inteligência Financeira da UIF e da íntegra do procedimento fiscalizatório da Receita Federal do Brasil, com os órgãos de persecução penal para fins criminais, sem a obrigatoriedade de prévia autorização judicial, devendo ser resguardado o sigilo das informações em procedimentos formalmente instaurados e sujeitos a posterior controle jurisdicional. O compartilhamento pela UIF e pela Receita Federal deve ser feito unicamente por meio de comunicações formais, com garantia de sigilo, certificação do destinatário e estabelecimento de instrumentos efetivos de apuração e correção de eventuais desvios.

Em novembro de 2023, o STF manifestou-se novamente pela constitucionalidade de compartilhamento de dados pelo COAF sem autorização judicial. Ao julgar a Rcl n. 61.944/PA[7], o Relator Ministro Christiano Zanin cassou decisão do STJ que considerava ilegal o compartilhamento de relatórios de inteligência financeira do Conselho de Controle de Atividades Financeiras (COAF) diretamente com a autoridade policial, sem prévia autorização judicial. Na decisão, o Ministro apontou que o Conselho de Segurança da Organização das Nações Unidas (ONU) conferiu caráter cogente às recomendações do Grupo de Ação Financeira Internacional (GAFI), as quais foram incorporadas ao ordenamento jurídico nacional pelo Decreto n. 8.799/2016, enfatizando a Recomendação n. 9, segundo a qual "os países deveriam assegurar

---

[5] RE n. 1.055.941/SP, Rel. Min. Dias Toffoli, j. 28-11-2018, *DJe* 19-2-2019.
[6] RE n. 1.055.941/SP, Rel. Min. Dias Toffoli, j. 28-11-2018, *DJe* 19-2-2019.
[7] Rcl n. 61.944/PA, Rel. Min. Christiano Zanin, j. 23-11-2023, *DJe* 24-11-2023.

que as leis de sigilo das instituições financeiras não inibam a implementação das recomendações do GAFI", e a já mencionada Recomendação n. 29, que trata de independência e autonomia de UIF. Ainda, argumentou que a temática já havia sido pacificada por ocasião do julgamento do RE n. 1.055.941/SP, o qual gerou o paradigma do Tema n. 990/RG, em que se discutiu a legalidade da expedição dos relatórios do COAF tanto espontaneamente (por iniciativa do próprio órgão de inteligência) quanto por solicitação de órgãos de persecução criminal.

Embora justa e oportuna a preocupação demonstrada pelo Tema n. 990 com a eficiência do combate aos chamados delitos econômicos, à corrupção generalizada e à lavagem de dinheiro, o STF, como guardião maior da nossa Carta de Princípios, não pode desconsiderar a imprescindibilidade da prévia intervenção judicial, como pressuposto necessário para legitimar a vulneração da garantia constitucional do sigilo de dados afetos à intimidade e vida privada do cidadão. O controle judicial, longe de travar a eficiência e agilidade da investigação, assegura a observância do devido processo legal, do qual deriva como antecedente lógico a devida persecução extrajudicial, e evita abusos e nulidades futuras, garantindo a higidez da investigação policial.

É sabido que nem sempre os órgãos encarregados da atividade persecutória se atêm aos limites balizados pela nossa legislação, sendo corriqueiras as incursões indevidas na esfera individual sem a necessária conexão com o interesse público. Sendo as instituições formadas por pessoas passíveis de erros, paixões e influências político-ideológicas, é salutar e recomendável que exista a esfera judicial de controle da legalidade da investigação.

Nossa CF, em seu art. 5º, X e XII, assegura o respeito à intimidade, vida privada e sigilo dos dados a esta relacionados, e, embora nenhuma garantia seja absoluta, sua vulneração deve ser exceção e não regra, de modo que ao Poder Judiciário, e somente a ele, deverá ser conferida a prerrogativa de analisar a hipótese concreta e avaliar se é caso ou não de excepcionar tão relevante garantia constitucional em prol da defesa dos interesses da investigação e da sociedade. Esse sopesamento de valores é próprio e característico da ação jurisdicional, dado sua inércia e natural distanciamento da dinâmica inquisitiva.

A realidade prática já demonstrou que a falta desse adequado controle judicial tem levado a frequentes nulidades em vultosas investigações, nas quais a empolgação com a cobertura da mídia costumeiramente leva a atropelos procedimentais, com enorme desperdício de dinheiro

I. Disposições administrativas 21

público despendido na persecução defeituosa, bem como pela reparação ao erário ou ao direito violado que se perdeu no labirinto da frustrada atuação do Poder Público. É a aplicação do conhecido adágio popular de que a pressa é inimiga da perfeição, pois o devido processo legal é incompatível com atalhos e improvisos persecutórios. Renunciar à garantia do controle judicial, que nada atrapalha a correta investigação, é flexibilizar o controle de abusos de autoridade e contribuir para futuras nulidades e ineficácia do combate à corrupção.

Finalmente, vale apontar que as competências de regulamentação e repressão do COAF são aplicáveis apenas aos setores sem órgão regulatório. Isso significa que aqueles que possuem órgão específico responderão a este último. É o caso, por exemplo, dos bancos, regulados pelo BACEN, dos títulos ou valores mobiliários, regulados pela CVM, das empresas de seguro, reguladas pela SUSEP, dentre outros (art. 11, § 1º). No entanto, independentemente de possuírem órgão próprio, todas as entidades que operam em setores sensíveis devem atender às requisições de informação do COAF na periodicidade, forma e condições estabelecidas.

# II. Disposições penais

## 1. LEGISLAÇÃO EM VIGOR

Da leitura da Lei de Lavagem de Capitais, verifica-se ser requisito fundamental para a caracterização do crime o exame da proveniência ilícita dos bens. Antes da Lei n. 12.683/2012, a caracterização do delito de lavagem de capitais somente restava demonstrada com a correspondência entre o crime antecedente e o rol previsto no art. 1º da Lei n. 9.613/98. Tratava-se de rol taxativo. Com a entrada em vigor da Lei n. 12.683/2012[1], revogou-se completamente o rol de crimes antecedentes. A nova redação que trata da origem ilícita dos bens menciona apenas a expressão *infração penal* e, por isso, recebeu ampliação significativa, abarcando tanto crimes quanto contravenções penais: "Art. 1º Ocultar ou dissimular a natureza, origem, localização, disposição, movimentação ou propriedade de bens, direitos ou valores *provenientes*, direta ou indiretamente, *de infração penal*" (redação da Lei n. 9.613/98 dada pela Lei n. 12.683/2012).

Desse modo, toda e qualquer infração penal com repercussão patrimonial que possibilite atos posteriores direcionados a dar aparência de licitude aos recursos criminalmente obtidos pode ser considerada crime antecedente ao de lavagem de capitais. A principal infração que não figurava no rol taxativo do art. 1º, hoje revogado, e que agora, por força da alteração da Lei n. 12.683/2012, pode figurar como infração antecedente, é a contravenção penal do jogo do bicho (LCP, art. 58. *Explorar ou realizar a loteria denominada jogo do bicho, ou praticar qualquer ato relativo à sua realização ou exploração*), o que, dentre outras situações a serem analisadas posteriormente, fomenta a discussão acerca da proporciona-

---

[1] Alteração do rol taxativo promovida pela Lei n. 12.683/2012 foi decorrente da pressão midiática e popular desencadeada pela "CPI do Cachoeira", reflexo das Operações Vegas e Monte Carlo realizadas pela Polícia Federal, a qual induziu a população ao sentimento de que a legislação brasileira abria margem para impunidade nos casos de crime de lavagem de dinheiro. Nesse sentido: MIRANDA, Acácio. *Lavagem de capitais e criminalização da advocacia*: entre a inadequada expansão populista e a fragilização do direito de defesa (análise das propostas legislativas). São Paulo: D'Plácido, 2023. p. 86.

lidade da pena prevista no tipo penal. Convém lembrar que o termo *infração penal* é mais amplo que o de *crime* ou *delito*, abrangendo também as contravenções penais.

## 2. OBJETO JURÍDICO

No que se refere à indicação do bem jurídico resguardado pelo crime de lavagem ou ocultação de bens, direitos e valores, há muita controvérsia na doutrina.

Para um segmento da doutrina, a Lei de Lavagem de Dinheiro é direcionada a resguardar o mesmo bem jurídico tutelado pelo crime antecedente. Dessa forma, se o dinheiro lavado for proveniente de tráfico de drogas, o bem jurídico tutelado será a saúde pública; no caso de lavagem do produto decorrente do homicídio mediante paga promessa, o bem tutelado seria a vida humana; na extorsão mediante sequestro, seria a liberdade individual e o patrimônio, e assim por diante.

Não nos parece correta tal posição.

Não se pode atrelar o bem jurídico tutelado pelo crime de lavagem de dinheiro ao da infração antecedente, isso porque não são raras as vezes em que as condutas lesionam bens jurídicos distintos, pois nem sempre a lavagem possui vinculação fática ou jurídica com o interesse tutelado pelo tipo do delito anterior.

Cita-se o exemplo dos crimes de favorecimento real (art. 349 do CP) e pessoal (art. 348 do CP), nos quais é necessária a existência de um crime antecedente para a tipificação da conduta, o que não implica identidade de seus bens jurídicos tutelados. Aquele que guarda a recompensa do autor de homicídio mediante paga não comete crime contra a vida, de igual modo aquele que esconde autor de estupro não comete crime contra a dignidade sexual. Trata-se de condutas delitivas que afetam a administração da justiça.

Ainda, destaca-se que a Lei de Lavagem de Dinheiro traz pena própria para aquele que pratica os verbos nucleares lá descritos, o que demonstra a reprovabilidade própria da conduta.

Para outro segmento doutrinário, a lei visa proteger bem jurídico distinto do crime precedente, corrente esta aceita pela maioria. Dentro dessa perspectiva, há duas opiniões:

**(i)** A lei visa proteger *a administração da justiça*: o crime teria as mesmas características do favorecimento real e pessoal e por essa razão afetaria a administração da justiça, por obstar a investigação, processamento, julgamento e recuperação dos produtos do delito. É o posicionamento defendido por Pierpaolo Cruz Bottini, para quem "considerar a ordem econômica como bem jurídico protegido implica admitir a punição idêntica de comportamentos materialmente distintos, sob a ótica da proximidade do bem jurídico tutelado. As condutas do *caput* do art. 1º da Lei n. 9.613/98 (mera ocultação ou dissimulação não afetam diretamente a ordem econômica – no máximo a colocariam em perigo, em alguns casos. Sob o prisma desse bem jurídico, seriam meras tentativas ou perigos abstratos, pois distantes do momento em que o bem de origem maculada ingressa na atividade econômica sob uma aparência de licitude (momento em que a ordem econômica é possivelmente turbada). A afetação da ordem econômica ocorreria apenas com a prática dos atos do § 1º, e em especial do § 2º, I, com o uso dos bens. Essa identidade de punição – embora não inédita em nossa legislação – não parece adequada, ao menos dentro de um direito penal que pretende fixar a proporcionalidade das penas na relação entre a conduta e a efetiva lesão do bem jurídico. Por outro lado, se adotarmos a administração da justiça como critério orientador, a incongruência é superada"[2]. Os críticos a essa posição alegam a ausência do dolo específico em afetar o funcionamento da prestação jurisdicional nos casos de lavagem de dinheiro[3] e o fato de não ser a administração da justiça um bem imediatamente lesionado, mas somente afetado em decorrência de conduta prévia ilícita que produz os recursos ocultados ou dissimulados[4].

**(ii)** A lei busca a proteção da *ordem socioeconômica*, posição esta aceita na doutrina[5], sob o argumento de que muitas das facetas da ordem socioeconômica de um país, tais como a livre-iniciativa, a livre concorrência e a propriedade, entre outras, são atingidas direta ou indire-

---

[2] BADARÓ, Gustavo Henrique; BOTTINI, Pierpaolo Cruz. *Lavagem de dinheiro*: aspectos penais e processuais penais: comentários à Lei n. 9.613/98, com alterações da Lei n. 12.683/2012. 5. ed. São Paulo: Revista dos Tribunais, 2023. p. 81-97.

[3] PITOMBO, Antonio Sergio de Moraes. *Lavagem de dinheiro*: a tipicidade do crime antecedente. São Paulo: Revista dos Tribunais, 2003. p. 76.

[4] TAVARES, Juarez; MARTINS, Antonio. *Lavagem de capitais*: fundamentos e controvérsias. São Paulo: Tirant lo Blanch, 2020. p. 31.

[5] Nesse sentido: PITOMBO, Antonio Sergio de Moraes. *Lavagem de dinheiro*: a tipicidade do crime antecedente. São Paulo: Revista dos Tribunais, 2003. p. 77; BARROS, Marco Antonio de. *Lavagem de dinheiro:* implicações penais, processuais e administrativas. São Paulo: Oliveira Mendes, 1998. p. 3; CERVINI, Raúl; TERRA, William; GOMES, Luiz Flávio. *Lei de Lavagem de Capitais*. São Paulo: Revista dos Tribunais, 1998. p. 321-323.

## II. Disposições penais

tamente pelas ações de organizações criminosas, as quais, por possuírem à sua disposição imensurável acúmulo de capitais, acabam por fazer uso de práticas que não só prejudicam o sistema financeiro nacional como também afetam a credibilidade das suas instituições.

Finalmente, há quem defenda estarmos diante de um delito pluriofensivo, que viola mais de um bem jurídico: (i) a administração da justiça e os bens jurídicos do crime antecedente[6]; e (ii) os sistemas econômico e financeiro do país e a administração da justiça[7]. Acacio Miranda sustenta que resta evidente que os bens tutelados pela Lei de Lavagem de Capitais podem ser facilmente inseridos na ordem socioeconômica – na medida em que se permite o desbalanceamento das relações econômicas por mecanismos contrários ao direito –, na administração da justiça – porque a conduta impede a aplicação do *jus puniendi* a quem tenha cometido o crime antecedente[8]. Ana Carolina Carlos de Oliveira assevera que a lavagem de capitais não poderia tutelar um único bem jurídico, mas uma amálgama de interesses político-criminais, sendo, ainda, certo que a ausência de um delineamento claro para essa figura jurídica não pode constituir óbice de qualquer natureza à sua existência, senão indicativo de uma incompatibilidade apenas pontual entre a teoria e a prática, ainda que, a depender da perspectiva analisada, possa predominar um ou outro bem jurídico[9].

Filiamo-nos a esta corrente. No delito de lavagem de dinheiro, a depender das circunstâncias do caso concreto, é possível que mais de um bem jurídico seja afetado. De modo que limitá-lo apenas à tutela da administração da justiça ou à proteção da ordem econômica restringiria a abrangência da norma penal. Nesse sentido, a Ministra Rosa Weber, em voto proferido na AP n. 470/MG, sublinhou que, "na lavagem de dinheiro, tutelar-se-iam inúmeros bens jurídicos e não se limitaria a esgotamento de crime antecedente".

---

[6] MAIA, Rodolfo Tigre. *Lavagem de dinheiro (lavagem de ativos provenientes de crime)*: anotações às disposições criminais da Lei n. 9.613/98. São Paulo: Malheiros, 1999. p. 54-55.

[7] BONFIM, Marcia Monassi Mougenot; BONFIM, Edilson Mougenot. *Lavagem de dinheiro*. 2. ed. São Paulo: Malheiros, 2008. p. 32.

[8] MIRANDA, Acácio. *Lavagem de capitais e criminalização da advocacia*: entre a inadequada expansão populista e a fragilização do direito de defesa (análise das propostas legislativas). São Paulo: D'Plácido, 2023. p. 97-104.

[9] OLIVEIRA, Ana Carolina Carlos de. *Lavagem de dinheiro*: responsabilidade pela omissão de informações. São Paulo: Tirant lo Blanch, 2019. p. 163.

## 3. OBJETO MATERIAL

São os bens, direitos ou valores provenientes, direta ou indiretamente, de infração penal. Vejam que o objeto material do crime é bastante amplo, de modo a alcançar bens móveis e imóveis, títulos de crédito etc. Abrange os produtos diretos (por exemplo, propriedades adquiridas por intermédio da prática de crime de corrupção) e indiretos do crime (por exemplo, dinheiro adquirido com a venda da propriedade). Para Sérgio de Moraes Pitombo, o preço do crime, isto é, o valor pago para praticar o crime antecedente, pode ser objeto material do crime de lavagem de dinheiro[10].

## 4. TIPOS PENAIS

### 4.1. Primeira modalidade típica (ocultar ou dissimular)

Art. 1º Ocultar ou dissimular a natureza, origem, localização, disposição, movimentação ou propriedade de bens, direitos ou valores provenientes, direta ou indiretamente, de infração penal.

Pena: reclusão, de 3 (três) a 10 (dez) anos, e multa.

A *primeira modalidade típica* prevista no art. 1º, *caput*, da Lei de Lavagem de Dinheiro prevê as condutas que visam ocultar ou dissimular a origem, localização, disposição, movimentação ou propriedade dos bens, direitos e valores provenientes de atividade ilícita.

#### 4.1.1. Ações nucleares

Duas são as ações nucleares típicas: *ocultar* (esconder, silenciar, encobrir etc.) e *dissimular* (camuflar, disfarçar etc.) a natureza, origem, localização, disposição, movimentação ou propriedade de bens, direitos ou valores provenientes, direta ou indiretamente, de infração penal.

#### 4.1.2. Sujeito ativo

Trata-se de crime comum, no qual qualquer um pode figurar como sujeito ativo do delito em comento, não sendo exigida nenhuma qualidade especial do agente.

Segundo a doutrina, pode ser sujeito ativo desse crime o autor, coautor ou partícipe da infração penal antecedente, não constituindo a

---

[10] PITOMBO, Antonio Sergio de Moraes. *Lavagem de dinheiro*: a tipicidade do crime antecedente. São Paulo: Revista dos Tribunais, 2003. p. 105.

## II. Disposições penais

lavagem de dinheiro "*post factum* impunível"[11]. Afasta-se, assim, a incidência do princípio da consunção. Deverá o agente, no caso, responder pelo concurso material de crimes, dado que, além de as condutas serem praticadas em momentos distintos, ofendem bens jurídicos diversos. Nesse sentido, o STF[12]: "A lavagem de dinheiro é crime autônomo, não se constituindo em mero exaurimento do crime antecedente".

Todavia, tal entendimento não é isento de críticas. Parte da doutrina sustenta que o delito posterior, ou seja, a lavagem de dinheiro, constitui fato posterior não punível para o sujeito ativo do crime antecedente, além da existência da causa de exclusão da culpabilidade da inexigibilidade de conduta diversa, por não ser exigível do infrator outra conduta, que não a de esconder o produto ilícito obtido com a infração antecedente. Trata-se, segundo esta posição, de uma decorrência lógica, de modo que não se pode esperar outra atitude do criminoso, a não ser ocultar o que obteve ilicitamente.

Entendemos que a lavagem de dinheiro pode configurar delito autônomo ou mero exaurimento, dependendo das circunstâncias do caso concreto. Se o fato subsequente (a lavagem) estiver na mesma linha de desdobramento causal do crime antecedente, isto é, se for praticada dentro do mesmo contexto fático, não haverá concurso de crimes. Este, portanto, o fator decisivo para a questão: similitude de contextos fáticos, sendo imprescindível a análise das circunstâncias de tempo e lugar.

Isso porque, para a incidência do princípio da consunção, é necessário que o fato seja considerado parte de um todo, ora como meio preparatório ou normal fase de execução do delito mais abrangente, ora como nova agressão ao mesmo bem jurídico sem configurar outro crime. Neste último caso, a continuidade da ação implica mero exaurimento de uma infração penal já consumada.

Desse modo, caso fosse punida também como delito autônomo, a ação estaria sendo apenada duplamente, configurando *bis in idem*. Ao punir o todo, puniu-se a parte, sendo inadequado puni-la novamente. Para tanto, é imprescindível a similitude de contextos fáticos. Tratando-se de comportamentos destacados no tempo e no espaço, não há que

---

[11] MAIA, Rodolfo Tigre. *Lavagem de dinheiro (lavagem de ativos provenientes de crime)*: anotações às disposições criminais da Lei n. 9.613/98. São Paulo: Malheiros, 1999. p. 92, e BONFIM, Marcia Monassi Mougenot; BONFIM, Edilson Mougenot. *Lavagem de dinheiro*. 2. ed. São Paulo: Malheiros, 2008. p. 55-57.
[12] HC n. 92.279/RN, Rel. Min. Joaquim Barbosa, j. 24-6-2008, 2ª T., *DJe* 19-9-2008.

se falar em consunção, mas, ao contrário, quando ambos os comportamentos estiverem na mesma linha de desdobramento causal, haverá consunção do fato antecedente, considerado meio preparatório, ou do consequente, como mero exaurimento. Como já ressaltado, a razão de ser desse princípio é evitar o *bis in idem*, ou seja, que o sujeito responda duas vezes pelo mesmo fato, como parte de um todo e como crime autônomo. Assim, por exemplo, se o autor de uma corrupção passiva recebe pagamento em dinheiro vivo ou mediante algum tipo de simulação, como venda de imóvel por valor superior ao declarado ou compra por valor inferior, incide a consunção, pois se trata de uma mesma ação. A forma de recebimento da vantagem ilícita não configura delito autônomo de lavagem, pois está ínsita no próprio delito antecedente de corrupção.

Ao contrário, se o sujeito, após realizar a ação delituosa (crime antecedente), pratica outra conduta para simular ou ocultar o produto do crime, dificultando a localização do ativo, neste caso haverá concurso de crimes, não se podendo falar em uma única ação, pois os comportamentos foram distintos e destacados no tempo e no espaço. Após consumada a infração anterior, o sujeito realiza nova sequência de atos tendentes a efetivar ocultação ou dissimulação dos valores já incorporados ao patrimônio do autor, mas ainda sem aparência de licitude.

### 4.1.3. Elemento subjetivo – exigência de dolo direto

Dada a ausência de previsão de tipos culposos, os delitos constantes da Lei n. 9.613/98 são todos dolosos, em conformidade com o disposto no art. 1º, c/c o art. 18, parágrafo único, do CP.

Ao adotar a teoria finalista da ação, a Lei n. 7.209/84, que introduziu a base sistêmica da parte geral do nosso Código Penal, e que ainda está em vigor, reconheceu no art. 18, I e II, a imprescindibilidade da responsabilidade subjetiva para a configuração da figura típica.

O tipo penal exige sempre a presença do dolo e, quando previsto expressamente, também da culpa, como elementos necessários para a adequação típica. Antes considerados elementos da culpabilidade, pela Teoria Naturalista ou Causal (também conhecida como Teoria Clássica), tanto o dolo quanto a culpa integram o tipo e se originam da voluntariedade humana.

A vontade é a mola propulsora da conduta humana, de maneira que, sem vontade, não existe conduta. Se, por um lado, a vontade é o motor que põe a ação em movimento ou, no caso da omissão, determina a sua abstenção, por outro lado, a finalidade é o leme que direciona a conduta num ou noutro sentido, disso resultando a imprescindibilidade da vontade humana finalística para o aperfeiçoamento do fato típico.

Se a conduta voluntária orientada pela finalidade produz ou tenta produzir um resultado penalmente relevante, ocorre o chamado crime doloso; quando a ação voluntária e finalística produz um resultado involuntário danoso, há o crime culposo.

Assim, não existe em nosso ordenamento jurídico penal previsão típica que não seja dolosa ou culposa, isto é, ou o crime é doloso, ou é culposo (quando prevista tal modalidade expressamente), ou não existe crime. Num exemplo de fácil percepção, o CP prevê o homicídio doloso e o homicídio culposo, mas não há qualquer tipo que abrigue um homicídio sem dolo ou culpa.

Isso porque o direito penal só empresta relevo aos comportamentos humanos que tenham na vontade sua força motriz, baseado no princípio geral da evitabilidade da conduta, de modo que só se devem considerar penalmente relevantes aquelas que poderiam ser evitadas. O caso fortuito e a força maior, a coação física (*vis absoluta*) e os movimentos não comandados pela vontade, como os reflexos, excluem a própria conduta, acarretando a atipicidade do fato. Do contrário, haveria responsabilidade objetiva, há muito banida dos sistemas legais dos países civilizados.

Define-se dolo como a vontade e consciência de realizar os elementos constantes do tipo legal. É o elemento psicológico da conduta e, por conseguinte, do fato típico[13]. Identifica-se o dolo em diversas espécies, dentre as quais o dolo direto ou determinado e o dolo indireto ou indeterminado (alternativo ou eventual).

Tem-se o dolo direto quando o agente quer produzir diretamente o resultado. Como lembra José Frederico Marques: "Diz-se direto o dolo quando o resultado no mundo exterior corresponde perfeitamente à intenção e à vontade do agente. O objetivo por ele representado e a direção da vontade se coadunam com o resultado do fato praticado"[14]. No dolo direto o sujeito diz: "eu quero o resultado".

---

[13] CAPEZ, Fernando. *Curso de direito penal*. 27. ed. São Paulo: Saraiva, 2023. v. 1. p. 219.
[14] MARQUES, José Frederico. *Tratado de direito penal*. Campinas: Bookseller, 1997. v. 1. p. 198.

Já no dolo eventual o agente não quer diretamente o resultado, mas aceita a possibilidade de produzi-lo. Na lição de Magalhães Noronha: "É indireto quando, apesar de querer o resultado, a vontade não se manifesta de modo único e seguro em direção a ele, ao contrário do que sucede com o dolo direto. O sujeito prevê o resultado e, embora não queira propriamente atingi-lo, pouco se importa com a sua ocorrência ('eu não quero, mas se acontecer, para mim tudo bem, não é por causa deste risco que vou parar de praticar minha conduta – não quero, mas também não me importo com a sua ocorrência')"[15].

Nélson Hungria lembra a fórmula de Frank para explicar o dolo eventual: "Seja como for, dê no que der, em qualquer caso não deixo de agir"[16]. Age com dolo eventual o agente que, na dúvida a respeito de um dos elementos do tipo, arrisca-se em concretizá-lo. Por exemplo, pratica o delito do art. 218 do CP o agente que, na dúvida se o indivíduo tem mais de 14 anos, o induz a satisfazer a lascívia de outrem. São também casos de dolo eventual a roleta-russa, acionando por vezes o revólver carregado com um cartucho só e apontando-o sucessivamente contra outras pessoas, para testar sua sorte, e participar de disputa automobilística realizada em via pública ("racha"), sem se importar se isso irá provocar a morte de terceiros. No dolo alternativo, o agente quer produzir diretamente um resultado ou, alternativamente, outro, por exemplo, quando pretende matar ou ferir.

Há certos tipos penais que não admitem o dolo eventual, pois a descrição da conduta impõe expressamente o conhecimento direto do fato, tal como ocorre no delito de receptação (art. 180 do CP): "Adquirir, receber, transportar, conduzir ou ocultar, em proveito próprio ou alheio, coisa que *sabe ser produto de crime*, ou influir para que terceiro, de boa-fé, a adquira, receba ou oculte".

A Lei n. 9.613/98, em seu art. 1º, caput, prevê o crime de "*ocultar ou dissimular* a natureza, origem, localização, disposição, movimentação ou propriedade de bens, direitos ou valores provenientes, direta ou indiretamente, de infração penal".

Conforme se percebe, a existência desse crime pressupõe uma infração penal anterior que seja do conhecimento do autor. Se ele realiza qualquer das ações nucleares do tipo da lavagem sem o conhecimento

---

[15] MAGALHÃES NORONHA, Edgard. *Direito penal.* 30. ed. São Paulo: Saraiva, [s.d.]. v. 1. p. 135.
[16] HUNGRIA, Nélson. *Comentários ao Código Penal.* 5. ed. Rio de Janeiro: Forense, [s.d.]. p. 289.

de que os valores ocultados ou dissimulados têm origem ilícita, não haverá o crime de lavagem de dinheiro. Desse modo, ao se falar do elemento subjetivo, existem requisitos mais rigorosos do que nas configurações típicas que independem de infração anterior.

A primeira ação consiste em "ocultar", isto é, esconder, retirar do conhecimento das autoridades, valores que o agente sabe serem produto de infração penal. Quem oculta, quer esconder. Se quer esconder, é porque tem consciência da necessidade de fazê-lo. Esconde porque sabe que precisa esconder, e sabe que precisa esconder porque conhece a origem ilícita do que está escondendo. Assim, tal consciência da necessidade exige conhecimento inequívoco da origem ilícita do bem ocultado. Com efeito, só oculta quem quer esconder algo que sabe ser ilícito.

O mesmo raciocínio serve para a ação de dissimular, só que com ainda maior razão. A dissimulação pressupõe todo o desenvolvimento de um aparato para dar aparência de legalidade a bens de origem ilícita. Todo o estratagema desenvolvido para dissimular valores de qualquer natureza pressupõe um conhecimento prévio a motivar todo o esforço para o ardil simulatório.

Em ambos os casos, é imprescindível a demonstração do dolo direto por parte do agente. Ainda, será também necessária a demonstração do elemento subjetivo específico, consistente na vontade de limpar o capital e reinseri-lo na economia com aparência de ilicitude, conforme já entendido pelo STF[17]: "Ora, o esconder o dinheiro, mesmo comprovadamente ilícito, é diferente do esconder, dissipar ou ocultar a natureza, a origem ilícita do dinheiro. A ideia da lavagem de dinheiro e do seu combate é que aquele que pretende lavar o dinheiro o faz para dar aparência lícita a algo obtido ilicitamente. Não me parece que esconder dinheiro no corpo seja um mecanismo eficaz para transformar algo ilícito em lícito. Na verdade, acaba corroborando que pode ter ocorrido algo estranho, senão, se o dinheiro fosse lícito, poderia carregá-lo em uma maleta". Por essa razão, cônjuges e filhos que consomem ou gastam valores ocultos ou dissimulados pelo agente de lavagem de dinheiro não são coautores ou partícipes do delito se não tinham ciência da origem dos bens ou não participaram ativamente dos atos de encobrimento[18].

---

[17] Inquérito n. 3.515-SP, Rel. Min. Marco Aurélio, j. 8-10-2019.
[18] BADARÓ, Gustavo Henrique; BOTTINI, Pierpaolo Cruz. *Lavagem de dinheiro*: aspectos penais e processuais penais: comentários à Lei n. 9.613/98, com alterações da Lei n. 12.683/2012. 5. ed. São Paulo: Revista dos Tribunais, 2023. p. 141.

Se o legislador desejasse alcançar o sujeito que tem dúvidas sobre a licitude do objeto da ação típica de ocultar, teria lançado mão da "elementar": "que deve saber", tal como ocorre na receptação qualificada (art. 180, § 1º, do CP) e na receptação de animal (art. 180-A do CP). Nada disso, porém, foi exigido pelo dispositivo de lavagem em questão, o qual prevê secamente a conduta de ocultar ou dissimular bens oriundos de infração penal. Diante da ausência de elemento autorizador do dolo eventual, não cabe exigi-lo mediante esforço retórico ou sob o argumento da necessidade de maior eficácia na repressão criminal, principalmente porque em normas penais incriminadoras não se admite analogia ou interpretação extensiva, sob pena de ofensa direta ao princípio da reserva legal (art. 5º, XXXIX, da CF), pedra angular do direito penal desde a *Magna Charta Libertatum* de 1215.

Exigir, por exemplo, de um gerente de banco a adoção de todas as cautelas para certificar-se de que o dinheiro objeto de transação internacional tem origem lícita implicaria criar exigência fora do âmbito de proteção da norma e impor-lhe ônus não exigido pela legislação penal. O âmbito de proteção do tipo penal não pode alcançar aqueles que não praticaram as condutas de *ocultar ou dissimular* intencionalmente, não tinham certeza da origem ilícita do bem, e simplesmente se abstiveram de investigar. Tal conduta pode eventualmente ser punida administrativamente, por eventual violação a normas institucionais, do Banco Central ou do próprio COAF, mas incapaz de gerar responsabilidade penal por estar fora da linha de desdobramento causal. Presunção de dolo direto, jamais.

Até porque, de acordo com o princípio da confiança, se o sujeito realiza a conduta esperada, atendendo às expectativas sociais de um comportamento normal, não há que se falar em ação típica. Basta que cumpra seu dever de solidariedade com a sociedade e faça a parte que dele se espera. Toda vez que alguém age dentro de padrões de normalidade, confiando que o outro assim também o fará, sua conduta será considerada atípica, mesmo que o terceiro quebre a expectativa social e atue fora da linha de desdobramento causal previsível, causando um dano. É a chamada confiança permitida, a qual decorre do normal desempenho das atividades pessoais dentro do papel que se espera de cada um, e exclui a tipicidade da conduta em caso de comportamento irregular de terceiro. Não realiza, portanto, conduta típica aquele que, agindo de acordo com o direito, acaba por envolver-se em situação na qual terceiro descumpriu seu dever de lealdade e cuidado.

## II. Disposições penais

O direito penal não pode transferir a terceiros o ônus que cabia ao autor do comportamento criminoso. Não se pode exigir, por exemplo, de um condutor de um veículo que deixe de trafegar quando a sinalização lhe for favorável, por temer que o outro motorista desatenda às regras de trânsito e provoque uma colisão. A cada um o direito penal confere uma parcela de responsabilidade a que corresponda seu dever. O cirurgião recebe o instrumento das mãos do assistente cirúrgico na convicção de que este o esterilizou previamente, não lhe sendo exigível certificar-se de que o auxiliar cumpriu seu dever corretamente.

Em suma, seja pela própria natureza dos verbos *ocultar* ou *dissimular*, que pressupõe ciência prévia da origem infracional do objeto material, seja por não existir a expressão *deve saber* como elementar do tipo, não é possível se falar na prática do crime de lavagem de dinheiro (art. 1º, *caput*) mediante dolo eventual. O legislador, no intuito de evitar um perigoso alargamento típico que permitisse na prática a responsabilidade objetiva, optou pela prudência, inserindo condutas que pressupõem dolo intenso, seja para esconder algo das autoridades, seja para realizar toda sorte de manobras para conferir aparência de falsa legalidade a bens ilícitos.

Nesse sentido, o STF[19], em julgado de 2020: "Ainda que assim não o fosse, assento que, para caracterizar o delito de lavagem de dinheiro, o dolo do agente, ou seja, a vontade livre e consciente de atingir o resultado delituoso, deve ser e estar claramente demonstrado, pois, nesse crime, não existe o dolo eventual, nem tampouco a sua forma culposa, conforme firme orientação doutrinária estrangeira e pátria sobre o tema".

Ao comentar a modalidade delituosa de lavagem de dinheiro prevista na legislação espanhola, Carlos Aránguez Sanchez observa que nela, a exemplo da legislação brasileira, não há tipificação por "dolo eventual, más sí que se delimita el elemento volitivo del dolo, pues el verbo típico consiste en realizar cualquier acto para ocultar, encubrir, o ayudar, con lo que excluye el dolo eventual e incluso el dolo de consecuencias necesarias"[20]. No âmbito internacional também a Convenção de Viena (art. 3, 1, *b*), a Convenção de Palermo (art. 6, 1) e a Diretiva do Parlamento Europeu, as quais consignam que somente aqueles que pos-

---

[19] AP n. 1.015, Rel. Min. Edson Fachin, 2ª T., j. 10-11-2020, publ. 19-03-2021.
[20] SANCHEZ, Carlos Aránguez. *El delito de blanqueo de capitales*. Madri: Marcial Pons, 2000.

suem plena ciência da procedência ilícita dos bens ou valores podem praticar tal delito.

Marco Antônio de Barros sustenta que "o dolo, *in casu*, é o dolo direto (quando o agente quer o resultado). Não é aceitável o argumento que defende a possibilidade de se confirmar o elemento subjetivo com esteio na figura do dolo eventual (quando o agente assume o risco de produzi--lo). É que as condutas alternativas do tipo penal estão ligadas à intencionalidade de se ocultar ou dissimular o patrimônio ilícito originário de crime antecedente, ou então, quando se trate das condutas paralelas de colaboração, também se indica a prévia ciência da origem ilícita dos bens, direitos ou valores. [...] Vale dizer, a intencionalidade de ocultar ou dissimular não dá abrigo à assunção de risco. Ao contrário, exige ação com conhecimento prévio da origem ilícita do capital, conduzida a partir da decisão de alcançar o resultado típico. Seria temerário e configuraria uma interpretação extensiva insegura, demasiadamente longa para a defesa do réu, admitir que, na ausência de previsão legal da forma culposa, se possa substitui-la pela aplicação da teoria do dolo eventual, para o fim de se evitar situações de eventuais impunidades"[21].

Dessa maneira, é mister que o agente tenha conhecimento da ocorrência do delito anterior, isto é, da origem espúria dos bens obtidos ilegalmente, entendendo seu caráter criminoso (elemento normativo do tipo) e, ainda sim, queira efetuar a ocultação ou a dissimulação daqueles. Exige-se, pois, para configuração da lavagem de dinheiro, o dolo direto, muito embora haja quem defenda que a letra da lei abarcaria também o dolo eventual na figura do art. 1º, *caput*, da lei[22]. O dolo típico do crime de lavagem é integrado pelo conhecimento do agente acerca dos bens obtidos irregularmente, pela existência de infração penal antecedente e pela ligação entre os referidos bens e o delito cometido em momento prévio.

Todavia, esse não foi o entendimento do STF quando do julgamento da Ação Penal n. 470/MG (Caso do Mensalão), mas com visão mais pragmática do que jurídica, como se extrai do seguinte trecho:

---

[21] BARROS, Marco Antonio de. *Lavagem de capitais e obrigações civis correlatadas.* 2. ed. São Paulo: Revista dos Tribunais, 2007. p. 58-60.

[22] MAIA, Rodolfo Tigre. *Lavagem de dinheiro* (lavagem de ativos provenientes de crime): anotações das disposições criminais da Lei n. 9.613/98. São Paulo: Malheiros, 1999. p. 88; e BONFIM, Marcia Monassi Mougenot; BONFIM, Edilson Mougenot. *Lavagem de dinheiro.* 2. ed. São Paulo: Malheiros, 2008. p. 46.

"Sem admitir o dolo eventual, revela-se improvável, em regra, a condenação dos lavadores profissionais. O tipo do *caput* do art. 1º da Lei 9.613/98, de outra parte, comporta o dolo eventual pois, em sua literalidade, não exige elemento subjetivo especial, como o conhecimento específico da procedência criminosa dos valores objeto da lavagem".

A Exposição de Motivos n. 692/MJ da Lei fala em dolo eventual: "Exige o projeto, nesses casos, o dolo direto, admitindo o dolo eventual somente para a hipótese do *caput* do artigo". A Exposição de Motivos, no entanto, não traduz a vontade da lei, cujo significado deriva de vários critérios integrados de hermenêutica, como bem anotado por Pierpaolo Bottini: "Embora seja um indicativo importante sobre a intenção do legislador, a Exposição de Motivos que acompanha a lei não tem caráter de interpretação autêntica ou vinculante, e pode ser suplantada por outras formas de apreensão do sentido da norma penal, como pela interpretação sistemática ou normativa"[23].

### 4.1.3.1. Cegueira deliberada

Outro instituto comumente mencionado quando se trata dos crimes previstos na Lei de Lavagem de Capitais é a teoria da cegueira deliberada. Também conhecida como *willful blindness doctrine*, a teoria surge para "aprofundar a análise acerca da tipicidade subjetiva nos delitos previstos na Lei n. 9.613/98, matéria em torno da qual se instaurou grande debate". Mencionada pelo eminente Celso de Mello em seu voto na Ação Penal n. 470/MG[24], tem cabimento quando o agente finge não perceber determinada situação de ilicitude para, a partir daí, alcançar a vantagem pretendida. O escopo da aludida teoria reside em abarcar situações nas quais o agente simula não visualizar a ilicitude das circunstâncias, "como um avestruz que enterra sua cabeça no solo para não tomar conhecimento da natureza dos acontecimentos (razão pela qual a doutrina americana o denomina de *Ostrich Instructions*). Desse modo, a suposta insipiência proposital acerca da ilicitude e gravidade de uma situação não pode conduzir à inocência do agente, haja vista a presença do dolo eventual como elemento subjetivo do tipo"[25].

---

[23] BADARÓ, Gustavo Henrique; BOTTINI, Pierpaolo Cruz. *Lavagem de dinheiro*: aspectos penais e processuais penais: comentários à Lei n. 9.613/98, com alterações da Lei n. 12.683/2012. 5. ed. São Paulo: Revista dos Tribunais, 2023. p. 143.

[24] V. Informativo n. 684/STF.

[25] AREsp n. 2.089.882 PI 2022/0076372-8, Rel. Min. Humberto Martins, *DJ* 2-5-2022.

Em caso próprio de lavagem de dinheiro, o STJ aduz: "a *cegueira deliberada* consiste em criação doutrinária e jurisprudencial, a qual preconiza ser possível a condenação pelo crime de lavagem de capitais, ainda que ausente o dolo direto, sendo admitida a punição nos casos em que o agente crie consciente e voluntariamente barreiras ao conhecimento da intenção de deixar de tomar contato com a atividade ilícita, se ela vier a ocorrer, quando teria plenas condições de investigar a proveniência ilícita dos bens"[26].

Para configuração da cegueira deliberada em crimes de lavagem de dinheiro, as Cortes norte-americanas têm exigido, em regra, (i) a ciência do agente quanto à elevada probabilidade de que os bens, direitos ou valores envolvidos provenham de crime, (ii) o atuar de forma indiferente do agente a esse conhecimento, e (iii) a escolha deliberada do agente em permanecer ignorante a respeito de todos os fatos, quando possível a alternativa. Nesse sentido, há vários precedentes, como US *vs.* Campbell, de 1992, da Corte de Apelação Federal do Quarto Circuito, US *vs.* Rivera Rodriguez, de 2003, da Corte de Apelação Federal do Terceiro Circuito, US *vs.* Cunan, de 1998, da Corte de Apelação Federal do Primeiro Circuito. Embora se trate de construção da *common law*, o Supremo Tribunal Espanhol, corte da tradição da *civil law,* acolheu a doutrina em questão na Sentencia n. 22/2005, em caso de lavagem de dinheiro, equiparando a cegueira deliberada ao dolo eventual[27].

Pelo próprio adjetivo *deliberada,* isto é, conscientemente pretendida, o instituto pressupõe o desejo do agente de *intencionalmente* abstrair-se da certificação de algo que já imagina ser ilícito. Sabe da elevada possibilidade de estar cometendo uma infração penal, mas prefere beneficiar-se da situação de penumbra em que se encontra, e da vantagem que a dúvida lhe proporciona. Não aprofunda *propositalmente* a comprovação do mal provável, evitando a confirmação daquilo que tem como provável.

Em razão disso, a teoria da cegueira deliberada, justamente por exigir que o sujeito queira evitar a certeza daquilo que tem como provável, não pode ser empregada a esmo, para justificar a incriminação de situações em que o agente foi incauto e deveria ter investigado melhor

---

[26] AgRg no REsp n. 1.793.377/PR, Rel. Min. Jesuíno Rissato (Desembargador Convocado do TJDFT), 5ª T., j. 15-3-2022, *DJe* 31-3-2022.
[27] AP n. 470, Rel. Min. Joaquim Barbosa, TP, j. 17-12-2012, acórdão eletrônico, publ. 22-4-2013.

a situação antes de agir. Não se confunde com responsabilidade objetiva, nem com culpa consciente, na qual o resultado delituoso é previsto, mas não desejado.

Se o agente finge não saber, é porque sabe da ilicitude e pretende falsamente aparentar desconhecimento. Mera desconfiança não pode ser equiparada a desconhecimento intencional. Este, ao contrário, exatamente por ser intencional, pressupõe que o agente saiba, mas deliberadamente finja não saber, evitando um aprofundamento que lhe retire a situação favorável de *aparente* ignorância.

A cegueira deliberada em nosso sistema normativo, que não admite responsabilidade objetiva e não prevê forma culposa para a lavagem, poderia encontrar eco no dolo eventual, quando o sujeito verifica grande possibilidade de sua ação ser ilícita, mas mesmo diante de *evidências concretas* não se importa em prosseguir com sua ação, que sabe ser provavelmente ilícita. Ciente disso, evita certificar-se para continuar beneficiando-se da situação obscura, de dúvida em que se encontra.

Em outras legislações seria possível distinguir a cegueira deliberada, do dolo eventual, encontrando-se aquela em um estágio anterior de consciência e vontade. O sujeito tinha condições de investigar, mas preferiu permanecer na dúvida e dela beneficiar-se. Nossa legislação penal, no entanto, permitiria no máximo a equiparação com o dolo indireto ou eventual.

Ocorre que, como já dissemos, os delitos de lavagem de capital são incompatíveis com dolo eventual, pois só oculta quem sabe estar escondendo algo ilícito, e só dissimula quem emprega estratagemas para dar aparência de licitude ao que sabe ser ilícito. Assim, se nem o dolo eventual se coaduna com a vontade necessária para o cometimento de tais infrações, com maior razão ainda a cegueira deliberada, tal como concebida no direito alienígena, não pode ser admitida dentro do nosso sistema jurídico penal.

O fato de que deveria ter agido com mais cautela e se certificado antes ou de ter dúvida sobre a origem ilícita do bem não são estados subjetivos suficientes para tipificar em nosso direito a conduta de quem quer ocultar ou dissimular bens de origem ilícita.

Por todos os motivos expostos, entendemos não serem puníveis as condutas previstas no *caput* do art. 1º da Lei de Lavagem de Capitais a título de dolo eventual, muito menos por cegueira deliberada. A ausência de termo expresso (*deve saber*) traduz a intenção do legislador, de modo que a lei penal não pode ser interpretada de maneira extensiva para incriminar condutas não abarcadas pelo tipo penal, sob pena de violação ao princípio da legalidade (art. 5º, XXXIX, da CF e art. 1º do CP). Nesse contexto, portanto, descabido se falar na aplicação da teoria da cegueira deliberada aos casos de lavagem de dinheiro no ordenamento pátrio.

### 4.1.4. Consumação

No tocante à consumação, trata-se de crime formal, isto é, perfaz-se com a ocultação ou dissimulação dos bens, direitos ou valores, independentemente de serem introduzidos no sistema econômico ou financeiro[28].

A doutrina majoritária entende tratar-se de crime permanente. "Assim, ainda que o agente consiga concluir uma operação, encobrindo a natureza, localização etc. de um bem ou valor, o fato é que nem a ocultação, nem a dissimulação, desaparecem com a concretização da mesma"[29], isso porque a jurisprudência tem interpretado tipos penais com o verbo *ocultar* como permanentes, como a ocultação de cadáver (art. 211 do CP): "O crime previsto no art. 211 do Código Penal, na forma *ocultar*, é permanente. Logo, se encontrado o cadáver após atingida a maioridade, o agente deve ser considerado imputável para todos os efeitos penais, ainda, que a ação de ocultar tenha sido cometida quando era menor de 18 anos"[30], e de ocultação de documento (art. 305 do CP): "O delito do art. 305 do Código Penal, na forma *ocultar*, é permanente. Logo, sua consumação se protrai no tempo, o que impede, na espécie, que se reconheça a extinção da punibilidade em virtude da prescrição da pretensão punitiva"[31].

O STF corrobora o mesmo entendimento: "Assentado pelo Plenário desta Suprema Corte que o *crime* de *lavagem* de bens, direitos ou valores,

---

[28] MAIA, Rodolfo Tigre. *Lavagem de dinheiro (lavagem de ativos provenientes de crime)*: anotações das disposições criminais da Lei n. 9.613/98. São Paulo: Malheiros, 1999. p. 81; BONFIM, Marcia Monassi Mougenot; BONFIM, Edilson Mougenot. *Lavagem de dinheiro*. 2. ed. São Paulo: Malheiros, 2008. p. 47; e BARROS, Marco Antonio de. *Lavagem de dinheiro*: implicações penais, processuais e administrativas. São Paulo: Oliveira Mendes, 1998. p. 46-47.

[29] BONFIM, Marcia Monassi Mougenot; BONFIM, Edilson Mougenot. *Lavagem de dinheiro*. 2. ed. São Paulo: Malheiros, 2008. p. 47.

[30] REsp n. 900.509/PR 2006/0224593-1, Rel. Min. Felix Fischer, j. 26-6-2007, 5ª T., *DJ* 27-8-2007, p. 287.

[31] HC n. 28.837/PB 2003/0101067-4, Rel. Min. Felix Fischer, j. 16-3-2004, 5ª T., *DJ* 10-5-2004, p. 312.

quando praticado na modalidade ocultação, é de natureza *permanente*, protraindo-se sua execução até que os objetos materiais do branqueamento se tornem conhecidos"[32], e "o crime de lavagem de bens, direitos ou valores, quando praticado na modalidade típica de 'ocultar', é permanente, protraindo-se sua execução até que os objetos materiais do branqueamento se tornem conhecidos, razão pela qual o início da contagem do prazo prescricional tem por termo inicial o dia da cessação da permanência, nos termos do art. 111, III, do Código Penal"[33].

A ocultação, de fato, configura delito permanente, uma vez que, enquanto os valores estiverem escondidos ou camuflados, eles permanecerão ocultos, protraindo-se no tempo a ação. Nesse sentido também o STJ: "O crime de lavagem de bens, direitos ou valores, quando praticado na modalidade típica de ocultar, é permanente, protraindo-se sua execução até que os objetos materiais do branqueamento se tornem conhecidos"[34].

No caso da dissimulação, porém, é possível que ocorra uma ação instantânea com efeitos permanentes, a depender da forma como o ardil for produzido. Por exemplo, compra subfaturada de imóvel, na qual o autor de corrupção passiva adquire o bem com valor bem inferior ao seu valor real. Neste caso, o crime se consumou no exato instante do negócio com valor simulado, mas seus efeitos permanecerão.

A diferença entre o crime permanente e o instantâneo de efeitos permanentes reside em que neste último (como a própria expressão sugere) a consumação se dá no momento exato da produção do resultado, de modo que somente seus efeitos perduram no tempo. No permanente, ao contrário, a ação não se esgota em um só instante, mas se renova a todo momento, assim como a produção do resultado. No caso da lavagem, se a ocultação fosse considerada delito instantâneo, ela estaria consumada no exato momento em que o agente realizasse a conduta. Não é isso que ocorre, no entanto, pois, enquanto o agente mantiver escondido o produto da infração penal antecedente, a ação de ocultar estará sendo realizada. Não são os efeitos da ocultação que perduram no tempo, mas ela própria, a qual vai se estendendo enquanto não for

---

[32] HC n. 160.225/RJ 0075634-83.2018.1.00.0000, Rel. Min. Gilmar Mendes, j. 29-5-2020, 2ª T., publ. 6-8-2020.

[33] AP n. 863/SP, Rel. Min. Edson Fachin, j. 23-5-2017.

[34] Tese fixada na edição n. 166. No mesmo sentido: AgRg no RHC n. 131.089/SP, Rel. Min. Nefi Cordeiro, 6ª T., j. 9-2-2021, *DJe* 17-2-2021.

interrompida. Por essa razão, enquanto os bens de origem ilícita estiverem sendo ocultados, o sujeito estará em situação de flagrância, além do que o lapso prescricional não se inicia até a cessação da permanência, nos termos do art. 111, III, do CP.

Em entendimento parcialmente diverso, Pierpaolo Cruz Bottini sustenta que ambas as formas configuram delito instantâneo de efeitos permanentes, destacando os efeitos da permanência delitiva na aplicação da lei penal no tempo: "Parece mais adequada do ponto de vista político-criminal a caracterização da lavagem de dinheiro como crime instantâneo de efeitos permanentes. O injusto está consumado no ato da ocultação, e sobre ele incidem as normas vigentes à época dos fatos, da conduta e do dolo. As alterações legislativas posteriores não abarcam esse comportamento pretérito (a não ser as favoráveis ao réu) mesmo que os bens permaneçam ocultos"[35].

Destaca-se também que não é necessário que a ocultação seja sofisticada, perfeita e impossível de ser descoberta para que o delito se consume, segundo entendimento do STF[36], replicado em decisão de 2021 pelo STJ[37]: "Conforme a célebre lição do Min. Sepúlveda Pertence, o tipo não reclama nem êxito definitivo da ocultação, visado pelo agente, nem o vulto e a complexidade dos exemplos de requintada 'engenharia financeira' transnacional, com os quais se ocupa a literatura".

### 4.2. Segunda modalidade típica (figuras assemelhadas)

> Art. 1º [...]
> § 1º Incorre na mesma pena quem, para ocultar ou dissimular a utilização de bens, direitos ou valores provenientes de infração penal:
> I – os converte em ativos lícitos.
> II – os adquire, recebe, troca, negocia, dá ou recebe em garantia, guarda, tem em depósito, movimenta ou transfere.
> III – importa ou exporta bens com valores não correspondentes aos verdadeiros.

---

[35] BADARÓ, Gustavo Henrique; BOTTINI, Pierpaolo Cruz. Lavagem de dinheiro: aspectos penais e processuais penais: comentários à Lei n. 9.613/98, com alterações da Lei n. 12.683/2012. 5. ed. São Paulo: Revista dos Tribunais, 2023. p. 166-172.
[36] RHC n. 80.816-6/SP, DJ 18-6-2001.
[37] AREsp n. 293.896/RS 2013/0038987-7, Rel. Min. Antonio Saldanha Palheiro, DJ 4-6-2021.

A *segunda modalidade típica* está prevista no § 1º do art. 1º, o qual dispõe que incorre na mesma pena quem, para ocultar ou dissimular a utilização de bens, direitos ou valores provenientes de qualquer infração penal (redação dada pela Lei n. 12.683/2012), pratica uma das seguintes ações:

**(i)** *Converte tais valores em ativos lícitos (inciso I)*: destaque-se que aqui não se pune a simples conversão do produto do crime em ativos lícitos, até porque todos aqueles que realizam uma empreitada criminosa da qual decorra proveito econômico posteriormente fazem uso desse valor, seja adquirindo um bem imóvel ou móvel, de modo que haveria sua conversão em produto lícito. Se assim o fosse, o exaurimento de crimes com proveito econômico seria enquadrado na modalidade típica em questão (por exemplo, aquele que furta um banco e utiliza parte do valor subtraído para a compra de uma casa, em seu nome – seria descabido falar-se em lavagem de dinheiro, pois a aquisição do imóvel é mero exaurimento do furto. Não há o dolo específico inerente à lavagem de dinheiro consistente em reciclar a origem ilícita do bem para sua posterior reinserção na economia). Não é o caso. Aqui, o legislador cuidou dos casos em que a conversão é feita como instrumento para ocultar a origem ilícita do bem para reintegração na economia com aparência de licitude.

**(ii)** *Adquire, recebe, troca, negocia, dá ou recebe em garantia, guarda, tem em depósito, movimenta ou transfere esses bens ou valores de origem ilícita (inciso II)*: frisa-se que nas hipóteses de *adquirir, receber, receber em garantia, guardar e ter em depósito*, apenas poderá ser sujeito ativo do delito aquele que não praticou a infração antecedente, pois a punição da autolavagem nesses casos implicaria *bis in idem*. Ainda, nas modalidades de *guardar ou ter em depósito*, além do *bis in idem*, incidiria nesses casos a inexigibilidade de conduta diversa em relação ao autor do crime antecedente, uma vez que não se pode impor que não guarde ou mantenha em depósito o resultado de sua atividade delitiva prévia[38].

**(iii)** *Importa ou exporta bens com valores não correspondentes aos verdadeiros (inciso III)*.

---

[38] BADARÓ, Gustavo Henrique; BOTTINI, Pierpaolo Cruz. *Lavagem de dinheiro*: aspectos penais e processuais penais: comentários à Lei n. 9.613/98, com alterações da Lei n. 12.683/2012. 5. ed. São Paulo: Revista dos Tribunais, 2023. p. 158-159.

## 4.2.1. Ações nucleares

Trata-se de crime de ação múltipla ou conteúdo variado. A prática de qualquer uma das ações é apta a configurar o tipo penal. Exige-se que as condutas sejam realizadas com a finalidade específica de ocultar ou dissimular a utilização de bens, direitos ou valores provenientes de infração penal anterior. Punem-se, assim, as ações que antecedem a ocultação ou dissimulação dos bens, direitos ou valores.

## 4.2.2. Sujeito ativo

Trata-se de crime comum, portanto qualquer um pode figurar como sujeito ativo do delito em comento, não sendo exigida nenhuma qualidade especial do agente, salvo nas hipóteses de *adquirir, receber, receber em garantia, guardar e ter em depósito*, nas quais apenas poderá ser sujeito ativo do delito aquele que não praticou a infração antecedente, pois a punição da autolavagem nesses casos implicaria *bis in idem*.

## 4.2.3. Elemento subjetivo

Somente o dolo direto, consistente na vontade de realizar a conduta e produzir o resultado (teoria da vontade). Aqui não há qualquer divergência doutrinária como ocorre no tipo penal do *caput*, seguindo-se o estabelecido na Exposição de Motivos da lei (EM n. 692/MJ).

## 4.2.4. Consumação

É crime formal, pois se consuma com a mera prática dos atos acima mencionados, independentemente de o agente lograr êxito no resultado pretendido.

Todas as hipóteses tipificadas no § 1º são de crime instantâneo, uma vez que as condutas descritas no tipo ocorrem em um momento específico, sem que haja uma duração ou continuidade temporal. O evento criminoso é consumado de forma imediata, não havendo necessidade de uma prorrogação temporal para sua caracterização. Excepcionam-se as hipóteses de *guardar ou ter em depósito*, do inciso II, as quais caracterizam crime permanente, em razão da natureza dos verbos que pressupõem o prolongamento da conduta no tempo. Enquanto os bens de origem ilícita permanecerem guardados ou mantidos em depósito, a conduta estará se renovando, assim como a situação de flagrância. Além disso, somente após a cessação da guarda ou depósito é que terá início o curso da prescrição.

## 4.3. Terceira modalidade típica (outras figuras equiparadas)

Art. 1º [...]
§ 2º Incorre, ainda, na mesma pena quem:
I – utiliza, na atividade econômica ou financeira, bens, direitos ou valores provenientes de infração penal.
II – participa de grupo, associação ou escritório tendo conhecimento de que sua atividade principal ou secundária é dirigida à prática de crimes previstos nesta Lei.

A *terceira modalidade típica*, prevista no art. 1º, § 2º, dispõe que incorre, ainda, na mesma pena aquele que:

**(i)** *Utiliza, na atividade econômica ou financeira, bens, direitos ou valores que sabe serem provenientes de qualquer infração penal (inciso I)*: nessa modalidade, incrimina-se a ação posterior à ocultação e à simulação dos bens, direitos e valores, consistente em sua utilização ou emprego em atividade econômica ou financeira, sabendo que são provenientes de lavagem de dinheiro. O dolo direto é exigido, pois o agente precisa saber da proveniência ilícita dos bens, conforme, aliás, consta expressamente da previsão típica.

**(ii)** *Participa de grupo, associação ou escritório tendo conhecimento de que sua atividade principal ou secundária é dirigida à prática de crimes previstos na lei em estudo (inciso II)*: neste caso, o crime se consuma independentemente de o agente realizar qualquer conduta direta de lavagem de dinheiro, bastando que integre o grupo, associação ou escritório, sabendo que este tem por atividade, principal ou não, a lavagem de dinheiro. Basta, portanto, a participação em grupo, associação ou escritório, com a ciência inequívoca de que estes, de alguma forma, desenvolvem atividade relacionada à lavagem de dinheiro. Em ambas as condutas exige-se dolo direto.

### 4.3.1. Ações nucleares

O inciso I cuida da utilização do produto de infração penal em atividade econômica ou financeira. A intenção do legislador foi abarcar as condutas da terceira etapa da lavagem de dinheiro, consistente na integração dos bens na economia lícita, após a ocultação ou dissimulação[39].

---

[39] VILARDI, Celso Sanchez. O crime de lavagem de dinheiro e o início de sua execução. *Revista Brasileira de Ciências Criminais*, v. 47, p. 20, 2004.

## 4.3.2. Sujeito ativo

Trata-se de crime comum, podendo qualquer um figurar como autor do delito em comento, não sendo exigida nenhuma qualidade especial do agente.

## 4.3.3. Elemento subjetivo

Somente o dolo direto, consistente na vontade de realizar a conduta e produzir o resultado (teoria da vontade). Aqui não há qualquer divergência doutrinária como ocorre no tipo penal do *caput*, seguindo-se o estabelecido na Exposição de Motivos da Lei (EM n. 692/MJ).

## 4.3.4. Consumação

Ambas as condutas previstas neste parágrafo configuram hipótese de crime formal, consumando-se com a prática da ação delituosa, seja a utilização, em atividade econômica ou financeira, de bens de origem ilícita, seja a participação em grupo, associação ou escritório, com conhecimento de que sua atividade é dirigida à lavagem de dinheiro.

Na hipótese do inciso II, não é necessário que o sujeito ativo venha a praticar qualquer ato de lavagem de dinheiro, sendo suficiente sua participação nos referidos grupos ou escritórios.

Rodolfo Tigre Maia[40] entende tratar-se de um tipo especial de concorrência, o qual permitirá a imputação típica mesmo que o sujeito ativo não esteja praticando os atos característicos da lavagem ou de ocultação previstos no *caput* do art. 1º e do respectivo § 1º. Fausto de Sanctis[41] entende que o dispositivo é desnecessário, pois a participação já é punida pelo art. 29 do CP. Marco Antonio de Barros[42] observa que o juiz deverá aplicar o Código Penal, apenando com menor rigor as hipóteses de participação de menor importância.

Entendemos que, embora o CP, em seu art. 29, preveja tanto a coautoria quanto a participação, o tipo especial do art. 1º, § 2º, II, possui utilidade prática, por ser mais abrangente do que a regra geral do concurso

---

[40] MAIA, Rodolfo Tigre. *Lavagem de dinheiro (lavagem de ativos provenientes de crime)*: anotações às disposições criminais da Lei n. 9.613/98. São Paulo: Malheiros, 1999.

[41] SANCTIS, Fausto Martin de. Antecedentes do delito de lavagem de valores e os crimes contra o sistema financeiro nacional. *In*: BALTAZAR JR., José Paulo; MORO, Sergio Fernando (org.). *Lavagem de dinheiro*: comentários à lei pelos juízes das varas especializadas em homenagem ao Ministro Gilson Dipp. Porto Alegre: Livro do Advogado, 2007.

[42] BARROS, Marco Antonio de. *Lavagem de dinheiro*: implicações penais, processuais e administrativas. São Paulo: Oliveira Mendes, 1998.

de agentes. É que a autoria e a participação exigem unidade de desígnios, além de anterioridade ou contemporaneidade em relação à ação delituosa. Não existe concurso de agentes após a consumação do delito. Assim, na hipótese de o agente participar de escritório formado para lavagem de capitais, mas que ainda não realizou nenhuma operação, não fosse a previsão típica, não haveria crime, tampouco participação na lavagem que ainda não ocorreu. Do mesmo modo, um escritório constituído com essa finalidade ilícita, que recebe como pagamento produto de lavagem de dinheiro, mas sem ter participado da operação de branqueamento do capital, não poderia ser responsabilizado como partícipe ou coautor de um crime que já havia se consumado. A presente infração penal se consubstancia independentemente da existência de qualquer ação posterior ou anterior de lavagem, o que importa dizer que, se não houvesse a previsão típica, a infração não estará configurada.

No caso do § 2º, I, trata-se de crime instantâneo, uma vez que as condutas descritas no tipo ocorrem em um único momento específico, sem que haja uma duração ou continuidade temporal. A hipótese do inciso II, ao contrário, será considerada crime permanente pois, enquanto durar a conduta de participação no grupo, associação ou escritório, o momento consumativo se prolongará no tempo.

## 5. LAVAGEM DE DINHEIRO POR OMISSÃO

A omissão, ao lado da ação, é uma das formas de conduta humana impulsionada pela vontade e dirigida a uma finalidade. Toda vez que a norma impuser ao agente o dever de agir, a desobediência a esse dever terá relevância para o direito. Dependendo da intensidade do dever imposto, diferentes serão as espécies de crimes omissivos.

A omissão é um não fazer, de maneira que quem se omite nada faz, e quem nada faz, nada causa. O omitente poderia ter agido para evitar o resultado, mas não foi ele quem o provocou. Poderia ter interrompido o curso causal, mas optou por permanecer inerte, razão pela qual sofrerá os efeitos da lei penal. O fundamento de sua punição está na inobservância de um dever imposto pela norma. Do ponto de vista ontológico, a omissão não é em si mesma uma ação, mas uma abstenção de movimento, um não fazer.

Basicamente, há duas espécies de crimes omissivos: próprios ou puros, e impróprios ou impuros, também chamados de comissivos por omissão. Nos primeiros, a norma impõe o dever de agir para cooperar, mas não exige que o sujeito impeça a ocorrência do dano, quando possível. Nos crimes omissivos impróprios, a norma impõe o dever de impedir o resultado, sendo, portanto, decorrente de uma imposição de maior rigor. Essa imposição de maior rigor é denominada pelo direito penal como *dever jurídico de agir*.

No caso dos *crimes omissivos próprios*, inexiste esse *dever jurídico de agir para impedir o resultado*, respondendo o omitente apenas por sua omissão. É o caso da omissão de socorro, na qual o sujeito precisa prestar apoio à vítima, sem, no entanto, ter o dever jurídico de impedir o resultado (art. 135 do CP). Nesta hipótese responde apenas pelo delito de omissão de socorro e não, eventualmente, por homicídio culposo caso a vítima venha a falecer. Exige-se aqui uma atividade de cooperação do agente menos relevante do que nos delitos omissivos impróprios. Nestes últimos, por sua vez, também chamados de crimes comissivos por omissão, a lei impõe um dever tão rigoroso de agir, que a omissão acaba se equiparando a uma verdadeira ação e ganhando relevância causal. O sujeito não responderá apenas por sua omissão, mas pelo próprio resultado final, como se o tivesse causado. A omissão passa a ser tratada como verdadeira ação. Imaginemos duas pessoas que presenciam uma vítima sendo espancada: um é policial; e o outro, pipoqueiro. Ambos assistem ao espancamento inertes, quando lhes era possível ter feito alguma coisa. O policial responderá por homicídio culposo (ou até doloso, dependendo das circunstâncias), enquanto o outro apenas por omissão de socorro (art. 135 do CP). Há uma gradação distinta nos deveres de agir impostos a um e a outro. Insta salientar a necessidade de verificar a possibilidade real, física, de o agente evitar o resultado, ou seja, se dentro das circunstâncias era possível ao agente impedir a ocorrência de lesão ou perigo ao bem jurídico, de acordo com a conduta de um homem médio, porque o direito não pode exigir condutas impossíveis ou heroicas. Assim, não basta estar presente o dever jurídico de agir, sendo necessária a presença da possibilidade real de agir.

O legislador optou pelo critério da enumeração taxativa das hipóteses de dever jurídico, arrolando-as no art. 13, § 2º, do CP, de modo que, não enquadrada a hipótese em nenhum dos casos do § 2º do art. 13, não há que se falar em dever jurídico de agir. São elas:

**(i)** *Dever legal*: quando o sujeito tiver por lei obrigação de cuidado, proteção ou vigilância.

**(ii)** *Dever de garantidor*: quando, por qualquer outra forma (contrato ou liberalidade, por exemplo), assumiu a responsabilidade de impedir o resultado.

**(iii)** *Dever por ingerência na norma*: quando, com seu comportamento anterior, criou o risco da ocorrência do resultado.

Na primeira hipótese, o dever decorre de imposição legal. Trata-se do chamado dever legal, que é apenas uma das espécies de dever jurídico. Sempre que o agente tiver, por lei, a obrigação de cuidado, proteção e vigilância, deverá ser responsabilizado pelo resultado se, com sua omissão, tiver concorrido para ele com dolo ou culpa. É o caso dos pais, que, segundo o Código Civil, arts. 1.634 e 1.566, IV, têm a obrigação de criar, proteger e cuidar dos filhos. Caso, por exemplo, a mãe se recuse a alimentar o recém-nascido, fazendo com que este, por sua negligência, morra de inanição, deverá responder pelo resultado, isto é, por homicídio culposo. Se, em vez da culpa, tiver desejado a morte da criança ou aceitado o risco de ela ocorrer, será responsabilizada por homicídio doloso.

Na segunda hipótese, encontra-se a pessoa que, por contrato, liberalidade ou qualquer outra forma, assumiu a posição de garantidora de que nenhum resultado sobreviria. Aqui o dever jurídico não decorre de lei, mas de um compromisso assumido por qualquer meio. Denomina-se essa hipótese *dever do garantidor*. É o caso da babá que, descuidando-se de sua obrigação de cuidar do pequenino, permite que este caia na piscina e morra afogado, do salva-vidas que deixa de socorrer o banhista que entrou em convulsão na praia, da amiga que pede para tomar conta das crianças e omite-se, deixando que elas se machuquem, ou, ainda, do exímio nadador ou alpinista que convida um neófito nessas técnicas a uma perigosa travessia ou escalada. Em todos esses casos o omitente responderá pelo resultado, a não ser que este não lhe possa ser atribuído nem por dolo nem por culpa, caso em que não haverá crime, por ausência de conduta.

O conceito de garantidor não deve ter interpretação restritiva, estendendo-se "para todo aquele que, por ato voluntário, promessas, veiculação, publicidade ou mesmo contratualmente, capta a confiança dos possíveis afetados por resultados perigosos, assumindo, com estes, a título oneroso ou não, a responsabilidade de intervir, quando necessário, para impedir o resultado lesivo. Nessa situação se encontram: o guia, o salva-vidas, o enfermeiro, o médico de plantão em hospitais ou prontos-socorros, os organizadores de competições esportivas etc."[43].

Observe-se que permanece a responsabilidade do garante enquanto ele estiver no local, de modo que, apesar de encerrado o horário contratual da babá ou do salva-vidas, subsistirá o dever jurídico, porque a obrigação de atuar não se origina apenas da relação contratual, mas da assunção da responsabilidade de evitar o resultado, qualquer que seja a forma com que se a assume. Assim, só será autor da omissão "aquele que tem uma posição de garante efetivo a respeito do bem jurídico e, nesta posição, não evita o resultado típico, apesar de poder fazê-lo"[44]. Importante enfatizar que o dever de garantidor não se confunde com o contratual, sendo indiferente às limitações que surjam do contrato, inclusive à validade jurídica deste.

A terceira e última hipótese, chamada *ingerência na norma*, é da pessoa que, com seu comportamento anterior, criou o risco para a produção do resultado. Assim, quem, por brincadeira, esconde o remédio de um cardíaco tem o dever de socorrê-lo e impedir sua morte, sob pena de responder pelo resultado. Do mesmo modo, aquele que joga uma pessoa na piscina está obrigado a salvá-la, se estiver se afogando; quem ateia fogo a uma mata tem o dever de apagar o incêndio, e assim por diante.

Na chamada *participação por omissão*, o omitente tem o dever jurídico de evitar o resultado, mas opta por se omitir, concorrendo para o resultado, na medida em que não agiu, quando deveria tê-lo feito, para interromper o curso causal. Quando não existe o dever de agir não se fala em participação por omissão, mas em conivência (*crimen silenti*) ou participação negativa, hipótese em que o omitente não responde pelo resultado, mas por sua mera omissão (art. 135 do CP). Assim, não fica caracterizada a participação do agente pela conduta omissiva de presenciar a prática do crime.

Para a caracterização da conduta omissiva é necessário analisar se o omitente tinha poder, nas circunstâncias, para executar a ação exigida, mediante a aferição dos seguintes requisitos: (i) conhecimento da situação típica; (ii) consciência, por parte do omitente, de seu poder de ação para a execução da ação omitida (é o chamado dolo da omissão, em

---

[43] TOLEDO, Francisco de Assis. *Princípios básicos de direito penal*. 5. ed. São Paulo: Saraiva, 1994. p. 117-118.

[44] WELZEL, Hans. *Derecho penal alemán*. 11. ed. trad. del alemán por los profesores Juan Bastos Ramírez y Sérgio Yañez Pérez. [S.l.]: Jurídica de Chile, 1997. p. 289.

analogia ao dolo da ação); (iii) possibilidade real, física, de levar a efeito a ação exigida. Se o obrigado não estiver em condições de na situação levar a efeito essa tarefa, poderá servir-se de um terceiro, também obrigado, ou não, a cumpri-la. Na presença de tais circunstâncias, verifica-se que o omitente tinha a real possibilidade de agir, ou seja, poder para executar a ação exigida, caracterizando, portanto, a conduta omissiva.

No caso da Lei de Lavagem de Dinheiro, tem-se majoritariamente a descrição típica de condutas positivas, ou seja, condutas que demandam uma ação por parte do agente, de modo que a omissão só será penalmente relevante nos termos do art. 13, § 2º, do CP. Responderá por lavagem de dinheiro na modalidade omissiva (crime comissivo por omissão) aquele que tinha o dever jurídico de evitar a operação de lavagem e condições de fazê-lo. Por exemplo, o responsável pelo *compliance* de determinada empresa financeira, que possui obrigação contratual de prevenir crimes no âmbito daquela pessoa jurídica. Neste caso, assumiu a obrigação de evitar o resultado (art. 13, § 2º, *b*, do CP). De igual modo, o gerente de uma agência bancária ou instituição financeira, o qual, sabendo que a política de *compliance* do banco exige a comprovação da origem lícita dos recursos de seus correntistas, não segue a determinação e abre conta no exterior em nome de pessoa suspeita. Sua conduta negligente faz com que ele crie o risco do resultado (art. 13, § 2º, *c*, do CP). Todavia, é importante destacar que no caso de empresas com estrutura de hierarquia, comumente verificada em bancos e instituições financeiras (como nos exemplos), a simples superioridade hierárquica não cria o dever de garante do chefe perante seus subordinados. Também vale mencionar que, além da existência do dever de garantidor, é necessário aferir se o agente dispõe de algum mecanismo apto a propiciar a dissimulação ou ocultação do dinheiro ilícito.

Tema relevante é o do elemento subjetivo do omitente, uma vez que a Lei de Lavagem não prevê a existência de modalidade culposa. Assim, se o funcionário foi negligente e deixou de tomar as cautelas devidas por culpa, o fato será atípico, ante a ausência de tipicidade culposa dos delitos de lavagem de dinheiro, os quais só admitem a forma dolosa. Não basta ter o dever jurídico de agir, na forma do art. 13, § 2º, do CP, sendo imprescindível a cooperação consciente e voluntária por meio da omissão.

Como já demonstrado, a Lei de Lavagem traz em seus arts. 9º a 11 obrigações administrativas a determinadas pessoas que atuem em setores considerados sensíveis à prática de lavagem de capitais. A questão que se discute é se esses deveres administrativos podem ser considerados como obrigação legal para, em caso de seu descumprimento, penalizar o agente por lavagem de dinheiro nos termos do art. 13, § 2º, *a*, do CP.

Pierpaolo Bottini[45] sustenta que a questão demanda uma análise individualizada dos deveres impostos aos omitentes, do contexto de sua atuação, e da capacidade de interrupção do resultado típico com a conduta institucional exigida, nos limites da fonte do dever de garante (lei, assunção ou ingerência), por não parecer possível generalizar diretrizes em campo de atividades heterogêneas e com contornos distintos. Mas acrescenta que o dever de garante daquele que tem obrigações de comunicação não deve ser descartado de plano, uma vez que sua vantagem informacional e capacidade de impedir o resultado da ocultação são elementos que podem sustentar a omissão imprópria, no caso concreto.

A nosso ver, não se pode equiparar normas administrativas a dever imposto por lei, notadamente quando o direito penal é refratário à interpretação extensiva e ao uso de analogia em norma incriminadora. A ampliação do alcance da expressão "dever legal" para dever decorrente de normas administrativas colide com o princípio da reserva legal, pois não há crime *sem lei* que o defina (art. 5º, XXXIX, da CF e art. 1º do CP). Ocorre que o sujeito, ao aceitar funções que lhe demandam responsabilidade decorrente de regras infralegais, acaba assumindo a função de garantidor, tal e qual a obrigação originada de um contrato. Assim, sua omissão também será penalmente relevante, podendo responder pelo crime de lavagem, na condição de partícipe por omissão, diante do dever jurídico de agir imposto pelo art. 13, § 2º, *b*, do CP. Importante sempre lembrar que é imprescindível a existência de dolo na participação, já que não existe participação culposa em crime de lavagem de dinheiro.

## 6. INFRAÇÃO PENAL ANTECEDENTE

Com a nova redação dada pela Lei n. 12.683/2012, a qual substituiu o rol taxativo de crimes antecedentes pelo termo genérico *infração penal*, o art. 1º, *caput*, da Lei de Lavagem passou a permitir qualquer infração penal como ação antecedente, inclusive as contravenções penais.

A contravenção penal é considerada uma infração de menor potencial ofensivo, diferenciando-se dos crimes em razão da sua menor gra-

---

[45] BADARÓ, Gustavo Henrique; BOTTINI, Pierpaolo Cruz. *Lavagem de dinheiro*: aspectos penais e processuais penais: comentários à Lei n. 9.613/98, com alterações da Lei n. 12.683/2012. 5. ed. São Paulo: Revista dos Tribunais, 2023. p. 205-209.

vidade e das penas mais brandas aplicáveis. Aqui, algumas críticas à nova redação merecem ser feitas. Ao trazer a possibilidade de enquadramento típico da ocultação ou dissimulação de produto de contravenção penal, a lei propicia uma situação de grave desproporcionalidade. Com a nova legislação, a reciclagem de valores provenientes do jogo do bicho (art. 50 da Lei das Contravenções Penais), cuja pena privativa de liberdade é de prisão simples, de 3 meses a 1 ano, sujeitará o agente a uma pena privativa de liberdade de reclusão, de 3 a 10 anos. Não nos parece razoável que a distinção de bem jurídico tutelado pelas normas seja apta a ensejar uma variação quantitativa de pena tão elevada. No campo dos crimes, a mesma distorção pode ocorrer no caso de bens oriundos de crimes patrimoniais como o furto, por exemplo, ao passo que a pena privativa de liberdade do delito antecedente é de 1 a 4 anos, bem menos grave do que a da lavagem.

Outros impactos também podem ser observados quanto à não aplicação de benefícios, tais como a suspensão condicional do processo (art. 89 da Lei n. 9.099/95), o acordo de não persecução penal (art. 28-A do CPP) e a substituição por penas restritivas de direito (art. 44 do CP), em caso de concurso de crimes, admitidos para certas infrações antecedentes, mas incabível para o delito de lavagem de dinheiro.

De todo modo, o termo "infração penal" constitui elemento normativo do tipo e é fundamental para a caracterização da lavagem de dinheiro, haja vista que, sem tal elementar, esta restaria excluída. Trata-se de norma penal em branco homogênea, na qual o tipo penal é complementado por outra norma de igual natureza, de maneira que a Lei de Lavagem de Dinheiro, ao exigir como conduta antecedente qualquer infração penal, exige como complemento as figuras delituosas previstas no Código Penal e Legislação Especial, como a Lei de Drogas, assim como a Lei das Contravenções Penais.

Bens oriundos de ilícitos civis ou administrativos não são abarcados pelo tipo em comento, da mesma forma não o são aqueles derivados exclusivamente de atos de improbidade administrativa. Por sua vez, os bens derivados dos chamados crimes de responsabilidade, ainda que não apenados com pena privativa de liberdade, podem ser objeto de lavagem de dinheiro, dada sua natureza de infração penal[46].

---

[46] BADARÓ, Gustavo Henrique; BOTTINI, Pierpaolo Cruz. *Lavagem de dinheiro*: aspectos penais e processuais penais: comentários à Lei n. 9.613/98, com alterações da Lei n. 12.683/2012. 5. ed. São Paulo: Revista dos Tribunais, 2023. p. 103.

## 6.1. Erro de tipo

O erro de tipo é um equívoco do agente sobre uma realidade descrita no tipo penal incriminador como elementar, circunstância ou dado secundário ou sobre uma situação de fato descrita como elementar de tipo permissivo (pressuposto de uma causa de justificação).

A denominação "erro de tipo" deve-se ao fato de que o equívoco do agente incide sobre um dado da realidade que se encontra descrito em um tipo penal. Assim, mais adequado seria chamá-lo não de "erro de tipo", mas de "erro sobre situação descrita no tipo".

Conceito bem amplo é dado por Damásio E. de Jesus, para quem erro de tipo "é o que incide sobre as elementares, circunstâncias da figura típica, sobre os pressupostos de fato de uma causa de justificação ou dados secundários da norma penal incriminadora"[47].

Para Luiz Flávio Gomes, invocando os ensinamentos de Teresa Serra, "estamos perante um erro de tipo, quando o agente erra (por desconhecimento ou falso conhecimento) sobre os elementos objetivos – sejam eles descritivos ou normativos – do tipo, ou seja, o agente não conhece todos os elementos a que, de acordo com o respectivo tipo legal de crime, se deveria estender o dolo"[48].

De acordo com a conceituação do Código Penal, "é o erro sobre elemento constitutivo do tipo legal" (art. 20, *caput*, do CP).

Dentre as modalidades existentes de erro de tipo está o erro de tipo essencial, o qual incide sobre elementares e circunstâncias.

Com o advento da teoria finalista da ação e a comprovação de que o dolo integra a conduta, chegou-se à conclusão de que a vontade do agente deve abranger todos os elementos constitutivos do tipo. Desejar, portanto, a prática de um crime nada mais é do que ter a consciência e a vontade de realizar todos os elementos que compõem o tipo legal.

Nessa linha, o erro de tipo essencial ou impede o agente de saber que está praticando o crime, quando o equívoco incide sobre elementar, ou de perceber a existência de uma circunstância. Daí o nome erro essencial: incide sobre situação de tal importância para o tipo que, se o erro não existisse, agente não teria cometido o crime, ou, pelo menos, não naquelas circunstâncias.

---

[47] JESUS, Damásio de. *Direito penal*. 34. ed. São Paulo: Saraiva, 2013. v. 1. p. 349.
[48] GOMES, Luiz Flávio. *Erro de tipo e erro de proibição*. 2. ed. São Paulo: Revista dos Tribunais, [s.d.]. p. 96.

## II. Disposições penais

Por exemplo, um advogado, por engano, pega o guarda-chuva de seu colega, que estava pendurado no balcão do cartório; essa situação é de extrema importância para o tipo, porque subtrair objetos alheios é furto, ao passo que pegar bens próprios é um irrelevante penal. O erro foi essencial, porque, tivesse o advogado percebido a situação, não teria praticado o furto. Esse é o erro essencial sobre elementar do tipo.

Outro exemplo, um estelionatário, pensando ter aplicado um grande golpe, recebe, na verdade, fraudulentamente um veículo com motor fundido. O pequeno prejuízo da vítima é uma circunstância (dado secundário) da figura típica desconhecida pelo autor. Assim, não tem o autor direito ao privilégio do art. 171, § 1º.

Também o caso do agente que pega uma caneta alheia, supondo-a de sua propriedade. Seu erro não incidiu sobre nenhuma regra legal, mas sobre uma situação concreta, isto é, um dado da realidade. A equivocada apreciação da situação de fato (pensou que a caneta alheia fosse sua) fez com que imaginasse estar pegando um bem próprio, e não um objeto pertencente a terceiro.

Ocorre que essa realidade desconhecida pelo agente se encontra descrita no tipo que prevê o crime de furto como elementar (*coisa alheia móvel*). Devido ao erro, o agente ficou impedido de saber que estava subtraindo coisa alheia e, consequentemente, de ter conhecimento da existência de um elemento imprescindível para aquele crime. Esse desconhecimento eliminou a sua consciência e vontade de realizar o fato típico, pois, se não sabia que estava subtraindo coisa alheia, evidentemente, não poderia querer subtraí-la.

Por essa razão, o erro, quando incidente sobre situação de fato definida como elemento de tipo incriminador, exclui o dolo, impedindo o sujeito de saber que está cometendo o crime. Se o agente não sabia que estava cometendo o crime, por desconhecer a existência da elementar, jamais poderia querer praticá-lo.

O erro de tipo essencial pode ser: (i) *erro essencial invencível*, inevitável, desculpável ou escusável: não podia ter sido evitado, nem mesmo com o emprego de uma diligência mediana; ou (ii) *erro essencial vencível*, evitável, indesculpável ou inescusável: poderia ter sido evitado se o agente empregasse mediana prudência.

O erro invencível que recai sobre elementar exclui, além do dolo, também a culpa.

Se o erro não podia ser vencido, nem mesmo com emprego de cautela, não se pode dizer que o agente procedeu de forma culposa. Assim, além do dolo (sempre excluído no erro de tipo), fica eliminada a culpa.

Como sem dolo e culpa não existe conduta (teoria finalista) e sem ela não há fato típico, o erro de tipo essencial inevitável, recaindo sobre uma elementar, leva à atipicidade do fato e à exclusão do crime.

Por exemplo, um caçador abate um artista que estava vestido de animal campestre em uma floresta, confundindo-o com um cervo. Não houve intenção de matá-lo, porque, dada a confusão, o autor não sabia que estava matando alguém, logo, não poderia querer matá-lo. Exclui-se o dolo.

Por outro lado, sendo perfeita a fantasia, não havia como evitar o erro, excluindo-se também a culpa, ante a inexistência de quebra do dever de cuidado (a tragédia resultou de um erro que não podia ser evitado, mesmo com o emprego de uma prudência mediana). Como não existe homicídio sem dolo e sem culpa (a legislação somente prevê o homicídio doloso, o culposo e o preterdoloso), o fato torna-se atípico.

O erro vencível, por sua vez, recaindo sobre elementar, exclui o dolo, pois todo erro essencial o exclui, mas não a culpa.

Se o erro poderia ter sido evitado com um mínimo de cuidado, não se pode dizer que o agente não agiu com culpa. Assim, se o fato for punido sob a forma culposa, o agente responderá por crime culposo.

Quando o tipo, entretanto, não admitir essa modalidade, é irrelevante indagar sobre a evitabilidade do erro, pois todo erro de tipo essencial exclui o dolo, e, não havendo forma culposa no tipo, a consequência será inexoravelmente a exclusão do crime.

Por exemplo, o sujeito vê sobre a mesa uma carteira. Acreditando ter recuperado o objeto perdido, subtrai-o para si. Não houve, contudo, nenhuma intenção de praticar o furto, pois, se o agente não sabia que a coisa era alheia, como é que poderia ter querido subtraí-la de alguém? Exclui-se, portanto, o dolo. Não restou configurado o furto doloso.

Por outro lado, embora tivesse havido culpa, já que a carteira subtraída era totalmente diferente, como o tipo do art. 155 do Código Penal não abriga a modalidade culposa (o furto culposo é fato atípico), não há que se falar na ocorrência de crime.

Assim, é irrelevante indagar se o erro foi vencível ou invencível, pois de nada adianta vislumbrar a existência de culpa nesse caso.

II. Disposições penais 55

Já no homicídio, em que é prevista a forma culposa, torna-se necessário indagar sobre a natureza do erro essencial, pois, se ele for vencível, o agente responderá por crime culposo. Suponhamos naquele exemplo do caçador (*supra*) que o artista estivesse sem fantasia, sendo o equívoco produto da miopia do atirador. Nesse caso, estaria configurado o homicídio culposo.

No caso da lavagem de dinheiro, o erro de tipo essencial possui relevância no tocante à elementar *proveniente de infração penal*, isso porque se a origem ilícita dos bens for desconhecida pelo agente, este não age com dolo de ocultar ou dissimular a origem ilícita dos bens, de modo que restará configurada a ausência do dolo necessário para a tipificação do crime de lavagem. E, como se viu, dada a ausência de previsão culposa pelo legislador, é irrelevante a apuração da evitabilidade do erro. Quer tenha o sujeito incorrido em erro por mera imprudência, quer o erro fosse inevitável, a conduta será atípica. Se o agente transferir dinheiro proveniente de jogo do bicho para uma conta bancária no exterior, acreditando tratar-se de dinheiro obtido através de aposta legal em casa lotérica, dada a ausência do dolo, não será autor de lavagem de dinheiro, respondendo pela infração o terceiro que determinou o erro (art. 20, § 2º, do CP).

O mero erro sobre a classificação jurídica da infração penal, ou seja, acreditar se tratar de um crime ou contravenção, mas na realidade se tratar de outro, por exemplo o agente que oculta dinheiro proveniente de tráfico de drogas pensando ser da venda de armas de uso restrito, é irrelevante e não enseja a exclusão do dolo.

### 6.1.1. Infração penal antecedente e a previsão do art. 2º, § 1º

Art. 2º [...]

§ 1º A denúncia será instruída com indícios suficientes da existência da infração penal antecedente, sendo puníveis os fatos previstos nesta Lei, ainda que desconhecido ou isento de pena o autor, ou extinta a punibilidade da infração penal antecedente.

Conforme dispõe o art. 2º, § 1º, a denúncia será instruída com indícios suficientes da existência da infração penal antecedente, sendo puníveis os fatos previstos nesta Lei, ainda que desconhecido ou isento de pena o autor, ou extinta a punibilidade da infração penal antecedente.

Como se percebe, a lavagem de dinheiro, para sua existência, depende da prática de qualquer infração penal antecedente. De acordo com os ensinamentos de Pitombo[49], a elementar *infração penal antecedente* confere ao delito de lavagem de dinheiro natureza acessória, por fazê-lo dependente de uma conexão causal com o ilícito precedente para sua materialização.

Esse fato anterior deve ser típico e ilícito, não se exigindo, entretanto, a culpabilidade do seu autor. Assim, haverá o crime de lavagem ainda que o autor do delito antecedente seja inimputável. Disso decorre que a absolvição do agente fundada na sua imputabilidade (art. 386, VI, do CPP) não impede a configuração do crime de lavagem de dinheiro.

Da mesma forma, haverá o crime de "lavagem" quando: (i) desconhecido o autor do crime anterior; (ii) estiver provado que o réu não concorreu para a infração penal (inciso IV); (iii) não existir prova de ter o réu concorrido para a infração penal (inciso V); (iv) não existir prova suficiente para a condenação (inciso VII).

No que se refere à tentativa do crime antecedente, nada impede que se configure a lavagem posterior, contanto que, da tentativa, tenha resultado produto ilícito apto a se submeter à operação de lavagem.

Também não obsta o reconhecimento da materialidade delitiva a inexistência de processo ou julgamento do crime antecedente, desde que a decisão do magistrado seja devidamente fundamentada com os elementos indicativos da ilicitude e antijuridicidade da conduta antecedente.

Não há que se falar em infração penal antecedente, quando ocorrer causa de exclusão da tipicidade ou da ilicitude. A absolvição fundada na dúvida sobre a existência de causa excludente da ilicitude (inciso VI, segunda parte) não autoriza o afastamento do crime em estudo, uma vez que, embora não desvendada a autoria delitiva, a infração penal existiu.

Dessa forma, o crime de lavagem restará afastado se o autor do crime anterior for absolvido com fundamento no art. 386, I, III e VI, primeira parte, do CPP, respectivamente, quando provada a inexistência do fato, não constituir o fato infração penal ou existir circunstância que exclua o crime.

Finalmente, as causas extintivas da punibilidade, previstas no art. 107 do CP, não retiram o caráter delituoso do fato praticado, pois afe-

---

[49] PITOMBO, Antônio Sérgio A. de Moraes. *Lavagem de dinheiro:* a tipicidade do crime antecedente. São Paulo: Revista dos Tribunais, 2003.

tam apenas a pretensão do Estado em punir o autor da infração penal, ainda subsistente. O Estado perde o poder de punir o autor, mas a infração penal não desapareceu diante da causa extintiva de punibilidade.

Caso o acusado já tenha sido condenado, com trânsito em julgado, pela lavagem de dinheiro, e posteriormente reconhecida a inexistência, atipicidade ou uma causa de justificação sobre o crime antecedente, caberá a revisão criminal nos termos do art. 621 do CPP[50].

### 6.1.2. Crime antecedente e a previsão do art. 2º, II, da lei

De acordo com o art. 2º, II, da Lei n. 9.613/98, "o processo e julgamento dos crimes previstos nesta Lei: (...) II – independem do processo e julgamento das infrações penais antecedentes, ainda que praticados em outro país, cabendo ao juiz competente para os crimes previstos nesta Lei a decisão sobre a unidade de processo e julgamento".

Embora a lei tenha consagrado a autonomia do processo e julgamento do crime de lavagem de dinheiro, a doutrina tem exigido cautela na aplicação do mencionado dispositivo legal. Antônio Sérgio A. de Moraes Pitombo observa que "no fenômeno sob análise, se não operar a conexão, deve-se atentar à prejudicialidade homogênea. Tudo no escopo de evitar decisões antiéticas, ou dotadas de incompatibilidade objetiva"[51]. Teceremos mais comentários sobre a questão da conexão adiante, quando da análise dos aspectos processuais da lei.

Se o crime antecedente tiver sido perpetrado fora do território nacional, é necessário que seja considerado infração penal tanto no país em que foi praticado quanto no local em que se operou a lavagem, pouco importando se o *nomen iuris*, classificação ou pena, forem diversos. Tal exigência de que o crime anterior seja considerado infração penal no país de seu cometimento e também no país em que foi praticada a operação de lavagem é chamada pela doutrina de princípio da dupla incriminação (art. 7º, § 2º, *b*, do CP e art. 6.2, *c*, da Convenção de Palermo). Nesse caso, não importam a culpabilidade e a punibilidade do autor, mas tão somente que o fato antecedente constitua infração penal em

---

[50] BADARÓ, Gustavo Henrique; BOTTINI, Pierpaolo Cruz. *Lavagem de dinheiro*: aspectos penais e processuais penais: comentários à Lei n. 9.613/98, com alterações da Lei n. 12.683/2012. 5. ed. São Paulo: Revista dos Tribunais, 2023. p. 108.

[51] PITOMBO, Antônio Sérgio A. de Moraes. *Lavagem de dinheiro:* a tipicidade do crime antecedente. São Paulo: Revista dos Tribunais, 2003. p. 128.

ambos os países[52]. Em se constatando que o mencionado fato não se caracteriza como crime em um dos dois sistemas jurídicos, ele não pode ser concebido legitimador do crime posterior de lavagem de dinheiro. Caso haja decisão judicial definitiva sobre os fatos no exterior com afirmação de inexistência da infração antecedente, sua atipicidade ou caso seja reconhecida posteriormente causa de exclusão de antijuridicidade, o fato deixa de constituir infração penal e, por conseguinte, desaparecerá o crime de lavagem de dinheiro no território brasileiro[53]. Finalmente, se o fato antecedente praticado no estrangeiro constituir infração penal tanto lá quanto no Brasil, mas estiver fora de eventual relação de *numerus clausus* porventura por lá exigida, tal fato não terá nenhuma repercussão em nosso país, uma vez que nosso sistema não adota mais o sistema de rol taxativo de infrações penais capazes de propiciar o crime de lavagem, admitindo qualquer infração penal como caracterizadora de fato antecedente à lavagem.

Conforme visto no item anterior, a lei, na tentativa de minimizar as exigências referentes à prova da ocorrência do fato criminoso prévio, para fins de recebimento da denúncia pela autoridade judiciária, contentou-se, em seu art. 2º, § 1º, com "indícios suficientes da existência da infração penal antecedente". A admissão de meros indícios, embora suficiente para embasar o oferecimento da denúncia, não basta para autorizar um decreto condenatório, uma vez que, para concluir que a lavagem de dinheiro realmente se concretizou, é necessária também prova plena da ocorrência da infração anterior, sob pena de violação ao princípio da presunção de inocência (art. 5º, LVII, da CF). Dessa maneira, com o propósito de facilitar a admissibilidade da denúncia, o ônus da prova é deixado para um momento posterior da persecução penal, pois só ao longo da instrução incumbirá à acusação demonstrar a inequívoca proveniência ilícita dos bens, direitos ou valores objeto da pretensa lavagem de dinheiro[54].

---

[52] BONFIM, Marcia Monassi Mougenot; BONFIM, Edilson Mougenot. *Lavagem de dinheiro*. 2. ed. São Paulo: Malheiros, 2008. p. 59-60.
[53] PITOMBO, Antônio Sérgio A. de Moraes. *Lavagem de dinheiro*: a tipicidade do crime antecedente. São Paulo: Revista dos Tribunais, 2003. p. 124.
[54] PITOMBO, Antônio Sérgio A. de Moraes. *Lavagem de dinheiro*: a tipicidade do crime antecedente. São Paulo: Revista dos Tribunais, 2003. p. 128-132.

## 7. TENTATIVA

Tentativa é a não consumação de um crime, cuja execução foi iniciada, por circunstâncias alheias à vontade do agente.

Na definição de Wessels, "é a manifestação da resolução para o cometimento de um fato punível através de ações que se põem em relação direta com a realização do tipo legal, mas que não tenham conduzido à sua consumação"[55].

A tentativa, ensina Alberto Silva Franco, "se caracteriza por ser um tipo manco, truncado, carente. Se, de um lado, exige o tipo subjetivo completo correspondente à fase consumativa, de outro, não realiza plenamente o tipo objetivo. O dolo, próprio do crime consumado, deve iluminar, na tentativa, todos os elementos objetivos do tipo. Mas a figura criminosa não chega a ser preenchida, por inteiro, sob o ângulo do tipo objetivo. Bem por isso, Zaffaroni e Pierangeli observaram que a tentativa 'é um delito incompleto, de uma tipicidade subjetiva completa, com um defeito na tipicidade objetiva'"[56].

Dispõe o art. 1º, § 3º, da Lei n. 9.613/98 que: "a tentativa é punida nos termos do parágrafo único do art. 14 do Código Penal". Desse modo, nos crimes tipificados na lei em comento a tentativa será punida com a pena correspondente ao crime consumado, diminuída de um a dois terços.

Finalmente, os atos preparatórios, como a abertura de conta em nome de terceiro para posterior transferência de valores ilícitos, são impuníveis, nos termos das normas penais.

### 7.1. Crime impossível

Crime impossível, também chamado de tentativa inidônea, tentativa inadequada ou quase crime, é aquele que, pela ineficácia total do meio empregado ou pela impropriedade absoluta do objeto material, é impossível de se consumar.

Não se trata de causa de isenção de pena, como parece sugerir a redação do art. 17 do Código Penal, mas de causa geradora de atipicidade, pois não se concebe queira o tipo incriminador descrever como crime

---

[55] WESSELS, Johannes. *Direito penal:* parte geral. Trad. Juarez Tavarez. Porto Alegre: Sérgio A. Fabris Editor, 1976. p. 133.
[56] ZAFFARONI, Eugenio Raúl; PIERANGELI, José Henrique. *Manual de direito penal brasileiro.* São Paulo: Revista dos Tribunais, 1997.

uma ação impossível de se realizar. Trata-se, portanto, de verdadeira causa de exclusão da própria tipicidade.

Miguel Reale Jr. observa: "Enquanto no crime tentado a consumação deixa de ocorrer pela interferência de causa alheia à vontade do agente, no crime impossível a consumação jamais ocorrerá, e, assim sendo, a ação não se configura como tentativa de crime, que se pretendia cometer, por ausência de tipicidade. Dessa forma, equivoca-se o legislador ao editar: 'não é punível a tentativa' como se tratasse de causa de impunidade de um crime tentado configurado"[57].

O crime impossível ocorre nos casos de impropriedade absoluta do objeto e ineficácia do meio empregado.

No caso da impropriedade absoluta do objeto empregado, a pessoa ou a coisa sobre que recai a conduta é absolutamente inidônea para a produção de algum resultado lesivo. Por exemplo, matar um cadáver, ingerir substância abortiva imaginando-se grávida ou furtar alguém que não tem um único centavo no bolso.

Já na ineficácia do meio empregado, o meio empregado ou o instrumento utilizado para a execução do crime jamais o levarão à consumação. Um palito de dente para matar um adulto, uma arma de fogo inapta a efetuar disparos ou uma falsificação grosseira, facilmente perceptível, por exemplo, são meios absolutamente ineficazes.

O mesmo ocorre na lavagem de dinheiro. Caso, por exemplo, a ocultação seja extremamente grosseira, incapaz de dissimular a origem ilícita dos bens ou, ainda, os valores provenientes da infração penal antecedente já sejam do conhecimento das autoridades, o fato será atípico. Não existe lavagem de dinheiro, por exemplo, se o agente deposita grande quantidade de dinheiro em sua conta corrente, uma vez que, diante da eficácia dos mecanismos de controle financeiro, não se pode dizer que ele esteja ocultando os valores, muito menos dissimulando. O depósito do dinheiro é imediatamente percebido pelas autoridades monetárias do COAF, não caracterizando a chamada ocultação, pois o agente não está escondendo nada de ninguém. O flagrante preparado também retira a tipicidade da conduta, nos termos da Súmula 145 do STF, segundo a qual o estratagema adredemente preparado pela polícia torna, desde o início, impossível a consumação, sendo o autor do crime

---

[57] REALE JR., Miguel. *Parte geral do Código Penal:* nova interpretação. São Paulo: Revista dos Tribunais, 1988. p. 80.

um mero protagonista de uma farsa, a qual nunca teve chance de se concretizar.

## 8. CAUSA DE AUMENTO DE PENA

De acordo com o § 4º do art. 1º, a pena será aumentada de 1 a 2/3 se os crimes definidos nesta Lei forem cometidos: (i) de forma reiterada; (ii) por intermédio de organização criminosa; ou (iii) por meio da utilização de ativo virtual.

Existe discussão doutrinária e jurisprudencial no tocante à causa de aumento em razão da reiteração criminosa, isto é, se a reiteração criminosa, entendida como causa de aumento de pena, implicaria *bis in idem* em relação ao crime continuado (art. 71 do CP). Para o STF, a dupla aplicação da reiteração, como causa de aumento de pena específica e causa de aumento resultante da continuação, resultaria sim em *bis in idem*. É o que se extrai do Informativo n. 685 – 22 a 26 de outubro de 2012, j. AP n. 470/MG: "Rejeitou-se o pleito do *Parquet* de reconhecimento do concurso material entre as operações de lavagem por reputar configurada a regra do crime continuado (CP, art. 71). Em virtude disso, afastou-se a habitualidade contida no § 4º do art. 1º da Lei n. 9.613/98, ao considerar que resultaria em *bis in idem*".

No mesmo sentido o STJ[58]: "Resulta *bis in idem* o reconhecimento da continuidade delitiva e a incidência da majorante prevista no art. 1º, § 4º, da Lei n. 9.613/98. Precedente do STF no julgamento da AP n. 470/MG".

Adepto desse entendimento é Pierpaolo Cruz Bottini, segundo o qual "a causa de aumento decorrente da reiteração não parece ser aplicável a caso algum, pois quando houver nexo de continuidade entre os diversos atos de lavagem de dinheiro se aplica a regra do crime continuado (CP, art. 71), e nos demais – quando ausente esse nexo de continuidade – será reconhecida a acumulação própria do concurso material, sem aplicação da majorante, em respeito ao *ne bis in idem*"[59].

Com efeito, a previsão de uma regra geral de concurso de crimes, qual seja, a continuidade delitiva, como causa de aumento específica da

---

[58] AgRg nos EDcl no REsp n. 16.667.301/SP, Rel. Min. Nefi Cordeiro, j. 5-9-2019, 6ª T., *DJe* 13-9-2019.

[59] BADARÓ, Gustavo Henrique; BOTTINI, Pierpaolo Cruz. *Lavagem de dinheiro*: aspectos penais e processuais penais: comentários à Lei n. 9.613/98, com alterações da Lei n. 12.683/2012. 5. ed. São Paulo: Revista dos Tribunais, 2023. p. 220-223.

lavagem caracteriza inequívoco *bis in idem*. A continuidade delitiva, considerada uma das espécies de concurso de crimes, incide sobre as infrações penais em geral e configura uma causa genérica de aumento de pena. O CP, em seu art. 71 e parágrafo, determina a elevação da pena de 1/6 a 2/3, ou, conforme o caso, até o triplo, na hipótese de crime continuado. Se, além desse aumento, no caso da lavagem de dinheiro continuada, incidir outra majorante específica em razão da mera reiteração, não há dúvida de que estaria ocorrendo dupla apenação. O aumento já ocorre pelo próprio concurso delitivo, sendo totalmente incabível atribuir-lhe nova elevação pelo mesmo fato. Imaginemos um sujeito que pratique duas lavagens em continuação delitiva. Incidiriam dois aumentos em razão de um mesmo fato, o que afrontaria os princípios da legalidade e proporcionalidade.

Vale também destacar que o conceito de organização criminosa adveio no ordenamento jurídico pátrio apenas com a edição da Lei n. 12.850/2013, por essa razão entendemos que a aplicação da causa de aumento em decorrência da prática dos crimes de lavagem de dinheiro por intermédio de organização criminosa é aplicável apenas aos crimes praticados após a entrada em vigor da Lei das Organizações Criminosas.

## 9. COLABORAÇÃO PREMIADA

Rodrigo Capez define o acordo de colaboração premiada como um negócio jurídico processual, uma vez que se trata de uma declaração de vontade bilateral dirigida ao fim específico da produção de efeitos no âmbito do processo[60].

De acordo com o § 5º do art. 1º, se o autor, coautor ou partícipe colaborar espontaneamente com as autoridades, prestando esclarecimentos que levem à apuração das infrações penais e sua autoria ou à localização dos bens, direitos ou valores objeto do crime antecedente, poderá ser contemplado com um dos seguintes benefícios legais: a) redução da pena de um a dois terços; b) início do cumprimento da pena em regime aberto ou semiaberto; c) concessão de perdão judicial, com a

---

[60] CAPEZ, Rodrigo. *A sindicabilidade do acordo de colaboração premiada e as modificações do Pacote Anticrime (Lei n. 13.964/2019)*. Disponível em: https://www.tjsp.jus.br/download/EPM/Publicacoes/CadernosJuridicos/10_a_sindicabilidade_do_acordo_2p.pdf?d=637699104773435506. Acesso em: 20 jun. 2023.

não aplicação da pena; d) ou substituição, a qualquer tempo, da pena privativa de liberdade por restritiva de direitos.

> Art. 1º [...]
>
> § 5º A pena poderá ser reduzida de um a dois terços e ser cumprida em regime aberto ou semiaberto, facultando-se ao juiz deixar de aplicá-la ou substituí-la, a qualquer tempo, por pena restritiva de direitos, se o autor, coautor ou partícipe colaborar espontaneamente com as autoridades, prestando esclarecimentos que conduzam à apuração das infrações penais, à identificação dos autores, coautores e partícipes, ou à localização dos bens, direitos ou valores objeto do crime.

A colaboração pode ser realizada tanto na fase de inquérito policial quanto na fase processual, até a prolação da sentença, momento em que o delator será contemplado com o benefício.

Ao tratar da identificação dos autores, coautores e partícipes, o legislador optou pelo uso da preposição aditiva "e", de modo que não basta apenas a identificação do autor, do coautor ou do partícipe, isoladamente, para a concessão do benefício. Todos devem ser apontados, assim como as provas correspondentes para tanto. Fosse outra a intenção do legislador, teria feito a opção por preposição alternativa ("ou").

No tocante aos benefícios, ao autorizar a possibilidade de substituição da pena privativa de liberdade por restritiva de direitos *a qualquer tempo*, o legislador ampliou a concessão, pois pela regra geral do CP (art. 59, IV) a substituição é feita na própria sentença condenatória.

Aqui, necessário, ainda, um paralelo com o instituto previsto na Lei n. 12.850/2013 (Lei das Organizações Criminosas). No caso do art. 4º da Lei n. 12.850/2013, os resultados previstos para a colaboração são: (i) a identificação dos demais coautores e partícipes da organização criminosa e das infrações penais por eles praticadas; (ii) a revelação da estrutura hierárquica e da divisão de tarefas da organização criminosa; (iii) a prevenção de infrações penais decorrentes das atividades da organização criminosa; (iv) a recuperação total ou parcial do produto ou do proveito das infrações penais praticadas pela organização criminosa; e (v) a localização de eventual vítima com a sua integridade física preservada. A colaboração que resultar em uma das hipóteses acima mencionadas poderá beneficiar o colaborador com: perdão judicial, redução em até 2/3 da pena privativa de liberdade ou sua substituição por restritiva de direitos. Embora apresente menos hipóteses de cabimento, a colaboração premiada prevista na Lei de Lavagem de Dinheiro traz possibilidades mais amplas de cumprimento de pena, com a previsão de cumprimento da pena em regime aberto ou semiaberto, ao passo que a *Lei do Crime Organizado* prevê apenas a redução em até 2/3, perdão judicial e *substituição da pena* restritiva de liberdade por pena restritiva de direitos *somente no momento* da prolação da sentença, tendo em vista a *ausência* da locução adverbial "a qualquer tempo".

Outra observação é a de que a Lei de Lavagem de Dinheiro trata apenas dos aspectos penais da colaboração, em nada disciplinando seu procedimento, devendo ser aplicadas as regras procedimentais da Lei das Organizações Criminosas.

No tocante aos benefícios a serem aplicados, pode surgir dúvida quanto à legislação a ser aplicada, visto que as legislações em comento possuem previsões distintas. Neste caso, se as penas forem aplicadas cumulativamente, o juiz deverá optar pela solução mais benéfica ao colaborador, fazendo incidir os benefícios mais amplos. Assim, após a cumulação material (concurso material) ou exasperação da pena (concurso formal ou crime continuado), as penas resultantes da condenação por lavagem e participação em organização criminosa receberão conjuntamente os benefícios mais amplos para os institutos de colaboração premiada previstos nas respectivas leis.

## 10. AÇÃO CONTROLADA E INFILTRAÇÃO DE AGENTES

A alteração promovida pela Lei n. 13.964/2019 acresceu ao art. 1º da Lei de Prevenção à Lavagem de Dinheiro o § 6º, admitindo ação controlada e infiltração de agentes: "Para a apuração do crime de que trata este artigo, admite-se a utilização da ação controlada e da infiltração de agentes".

A lei não dispõe sobre o procedimento e meios de produção de prova, devendo ser aplicados, por analogia, os dispositivos da Lei das Organizações Criminosas.

A ação controlada consiste em retardar a intervenção policial ou administrativa em relação a crimes cometidos pelos delinquentes, sob observação e com acompanhamento, até o momento mais eficaz do ponto de vista do interesse da persecução penal.

O retardamento da intervenção policial ou administrativa deverá ser previamente comunicado ao juiz competente, o qual, se for o caso, estabelecerá seus limites e comunicará ao Ministério Público. O STJ (6ª Turma, *HC* 512.290/RJ, rel. Min. Rogerio Schietti Cruz, j. 18-8-2020.

Informativo n. 677) confirmou que a ação controlada exige apenas comunicação prévia à autoridade judicial, sem a exigência de autorização.

Para preservar o sigilo das investigações e o sucesso da operação, a lei prevê a distribuição sigilosa do pedido, de forma a não conter informações que possam indicar a operação a ser efetuada.

Até o encerramento da diligência, o acesso aos autos será restrito ao juiz, ao Ministério Público e ao delegado de polícia, como forma de garantir o êxito das investigações. Por motivos óbvios, o advogado somente terá acesso ao conteúdo da operação após o seu término, materializado em auto circunstanciado acerca da ação controlada (Súmula Vinculante 14 do STF).

Há previsão expressa de ação controlada envolvendo mais de um país. O art. 9º da Lei n. 12.850/2013 dispõe: "Se a ação controlada envolver transposição de fronteiras, o retardamento da intervenção policial ou administrativa somente poderá ocorrer com a cooperação das autoridades dos países que figurem como provável itinerário ou destino do investigado, de modo a reduzir os riscos de fuga e extravio do produto, objeto, instrumento ou proveito do crime".

Entende-se por *agente infiltrado* "a pessoa que, integrada na estrutura orgânica dos serviços policiais, é introduzida, ocultando-se sua verdadeira identidade, dentro de uma organização criminosa, com a finalidade de obter informações sobre ela e, assim, proceder, em consequência, à sua desarticulação"[61].

Pode ocorrer que, na prática, ao integrar grupos criminosos, o policial seja colocado em uma situação na qual tenha que participar de infrações penais, para não revelar sua identidade. Nesta hipótese, desde que obedecido o princípio da proporcionalidade, presente a extrema necessidade ou inevitabilidade do evento, o agente infiltrado não será responsabilizado pela prática da infração penal.

Imprescindível que a ação encontre justificativa no senso comum de razoabilidade e esteja inserida no contexto da operação ou, pelo menos, na sua linha de desdobramento causal. Nesta hipótese, eventual participação do agente nos crimes praticados pelo grupo pode caracterizar fato atípico, sem precisar invocar a excludente de ilicitude do esta-

---

[61] SEOANE SPIEGELBERG, José Luís. Aspectos procesales del delito de tráfico de drogas. *Actualidad Penal*, Madrid, n. 20/13, p. XXI, item 1, maio 1996. *Apud*: JESUS, Damásio E. de. *Particular pode atuar como agente infiltrado?* 2002. Disponível em: www.damasio.com.br. *Apud*: CAPEZ, Fernando. *Legislação penal especial*. 18. ed. São Paulo: Saraiva, 2023. p. 287.

do de necessidade ou a causa dirimente da inexigibilidade de conduta diversa.

A proporcionalidade assume papel fundamental para que a ação seja justificável, pois seria inadmissível, por exemplo, participação do agente infiltrado em um homicídio para justificar a investigação por lavagem de dinheiro. No entanto, é perfeitamente plausível admitir-se que deixe de intervir em uma ação de tráfico ilícito de drogas sem infringir o dever jurídico de agir (art. 13, § 2º, b, do CP), por não ser interessante do ponto de vista da produção da prova ou da obtenção de um resultado posterior de maior relevância quanto à eficiência da ação.

Neste último caso, eventual participação por omissão, o chamado crime omissivo impróprio, não estaria presente, sendo a infração penal do agente, quanto à sua participação no tráfico ilícito de entorpecentes, irrelevante penal. Com efeito, o Estado não pode dizer ao servidor público para infiltrar-se, misturar-se aos criminosos com a finalidade de colheita de provas e, ao mesmo tempo, obrigá-lo a revelar sua identidade à organização criminosa que investiga. Não existe uma regra inflexível para a aferição da atipicidade da conduta, devendo o julgador proceder à análise discricionária de cada caso concreto, sempre atento ao princípio constitucional da proporcionalidade.

Outro exemplo é o do agente infiltrado obrigado a participar de lutas com outros membros para demonstrar coragem e lealdade à organização ou ter de portar armas de uso restrito, e aceitando submeter-se a isso em benefício de um objetivo maior de defesa social, qual seja, a posterior prisão ou desbaratamento da quadrilha ou organização criminosa. O fato será atípico, pela incidência de princípios constitucionais como proporcionalidade e adequação social. A sociedade pesa, numa relação de custo e benefício, a conduta praticada e a retira da incidência típica, diante da ausência de conteúdo material do crime. Em outras situações, a maior nocividade do fato cometido pelo agente público impede sua atipicidade e só poderá ser excluída do âmbito de aplicação do direito penal, após análise dos requisitos da excludente do estado de necessidade. Nesse caso, o fato chega a ser típico e deve passar por uma ponderação de valores, mediante a comparação do mal produzido pela ação lesiva do agente e o mal eventualmente maior que teria sido evitado. Existe uma maior complexidade da aferição acerca da configuração da infração penal. É o caso, no exemplo, da luta em que o policial é obrigado a participar contra outros membros da organização, para não revelar sua identidade. Imaginemos que desse confronto resulte morte do delinquente com o qual o policial confrontou. Aqui, o fato será típico, ante a ausência de proporcionalidade entre a morte e a ação controlada, no entanto, poderá ser feita uma ponderação de valores com base na inevitabilidade do sacrifício e na razoabilidade de se tolerar um resultado agravador culposo – morte, diante do desbaratamento da organização criminosa.

Finalmente, pode ocorrer de o fato ser típico pela ausência de proporcionalidade, de não estar acobertado pelo estado de necessidade, uma vez que o evento não era inevitável, mas, mesmo assim, o agente infiltrado não responder pela infração penal. É a hipótese de estar presente a causa de exclusão de culpabilidade da inexigibilidade de conduta diversa.

Neste caso, embora a ação seja típica e antijurídica, a anormalidade das circunstâncias concomitantes que cercaram o comportamento do agente infiltrado pode levar à inexigibilidade de conduta diversa. O agente é obrigado, mediante coação moral irresistível, a cometer crime grave, sem que isso fosse imprescindível para o sucesso da operação. Houve crime, mas o policial o cometeu porque submetido à grave ameaça capaz de criar uma situação de anormalidade, na qual seu livre-arbítrio foi viciado.

Pode, finalmente, não estar configurada nenhuma dessas situações, e o agente acabar responsabilizado penalmente, já que a lei não autoriza *a priori* a ação criminosa.

O art. 13 da Lei das Organizações Criminosas, de forma superficial, trata as diferentes hipóteses de atipicidade, estado de necessidade e inexigibilidade de conduta diversa do mesmo modo: "O agente que não guardar, em sua atuação, a devida proporcionalidade com a finalidade da investigação, responderá pelos excessos praticados. Parágrafo único. Não é punível, no âmbito da infiltração, a prática de crime pelo agente infiltrado no curso da investigação, quando inexigível conduta diversa".

O parágrafo único refere-se expressamente à dirimente da inexigibilidade de conduta diversa. Neste caso, existe a infração penal, mas o agente não responde por ela, tendo em vista a causa de exclusão da culpabilidade prevista no art. 22 do CP. Como já visto, o juiz deverá conferir peso distinto a depender da gravidade da situação, podendo o fato ser considerado atípico, típico mas não ilícito (estado de necessidade) ou caracterizado como infração penal, mas o agente não responder por ela diante da exclusão de sua culpabilidade. Pode, ainda, ser considerado crime e o sujeito responder por ele, sem qualquer exclusão, seja de tipicidade, de antijuridicidade ou culpabilidade. Tudo a depender das peculiaridades de cada caso concreto.

É imprescindível que a ordem judicial prévia seja tanto quanto possível fundamentada e detalhada, a fim de evitar futuras responsabilizações disciplinares e por abuso de autoridade em relação ao agente infiltrado. A autorização judicial será sigilosa e permanecerá como tal até o final da infiltração.

A infiltração do policial somente será admitida se houver indícios de infração penal transnacional, ou com pena superior a 4 anos, e se a prova não puder ser produzida por outros meios disponíveis.

A infiltração será autorizada pelo prazo de até 6 meses, sem prejuízo de eventuais renovações, desde que comprovada sua necessidade. Findo esse prazo, o relatório circunstanciado será apresentado ao juiz competente, que imediatamente cientificará o Ministério Público.

O agente infiltrado possui, além do estipulado em todo o ordenamento jurídico, os seguintes direitos de forma específica: (i) recusar ou fazer cessar a atuação infiltrada; (ii) ter sua identidade alterada, aplicando-se, no que couber, a lei de proteção à vítima e testemunhas, bem como usufruir das medidas de proteção a testemunhas; (iii) ter seu nome, sua qualificação, sua imagem, sua voz e demais informações pessoais preservadas durante a investigação e o processo criminal, salvo se houver decisão judicial em contrário; (iv) não ter sua identidade revelada nem ser fotografado ou filmado pelos meios de comunicação, sem sua prévia autorização por escrito.

Além dos direitos acima explícitos, há ainda cuidados processuais especiais para o agente policial infiltrado: (i) o pedido de infiltração será sigilosamente distribuído, de forma a não conter informações que possam indicar a operação a ser efetivada ou identificar o agente que será infiltrado; (ii) as informações quanto à necessidade da operação de infiltração serão dirigidas diretamente ao juiz competente, que decidirá no prazo de 24 horas, após manifestação do Ministério Público na hipótese de representação do delegado de polícia, devendo-se adotar as medidas necessárias para o êxito das investigações e a segurança do agente infiltrado; (iii) os autos contendo as informações da operação de infiltração acompanharão a denúncia do Ministério Público, quando serão disponibilizados à defesa, assegurando-se a preservação da identidade do agente; (iv) havendo indícios seguros de que o agente infiltrado sofre risco iminente, a operação será sustada mediante requisição do Ministério Público ou pelo delegado de polícia, dando-se imediata ciência ao Ministério Público e à autoridade judicial.

Tais direitos configuram um acervo normativo de garantias mínimas de sobrevivência para o policial que ganhou a confiança da organização criminosa e, depois, cumprindo seu dever, tornou-se delator daquela organização.

## 11. EFEITOS DA CONDENAÇÃO

Nos termos do art. 7º, são efeitos da condenação, além dos previstos no Código Penal:

**(i)** *a perda, em favor da União ou dos Estados, nos casos de competência da Justiça Estadual, de todos os bens, direitos e valores relacionados, direta ou indiretamente, à prática dos crimes de lavagem de dinheiro, inclusive aqueles utilizados para prestar a fiança, ressalvado o direito do lesado ou de terceiro de boa-fé;*

**(ii)** *a interdição do exercício de cargo ou função pública de qualquer natureza e de diretor, de membro de conselho de administração ou de gerência das pessoas jurídicas referidas no art. 9º, pelo dobro do tempo da pena privativa de liberdade aplicada.*

Como se nota, a incidência das disposições da Lei de Lavagem de Dinheiro não exclui os demais efeitos da condenação previstos nos arts. 91 e 92 do CP, quando cabíveis.

Além do confisco do produto (vantagem direta) ou proveito (vantagem indireta) do crime, previstos no art. 91, II, *b*, do CP, na Lei de Lavagem de Dinheiro, os valores perdidos constituem também o próprio objeto material da infração penal, ou seja, os próprios valores submetidos à operação de lavagem. No caso da mescla de bens, por exemplo, uma conta *offshore* cujo valor depositado pelo agente engloba dinheiro de origem ilícita e dinheiro lícito proveniente da venda um imóvel, a perda recairá apenas sobre a parcela do patrimônio de origem ilícita, embora seja extremamente difícil efetuar a distinção. Neste caso, inverte-se o ônus da prova, devendo o próprio infrator demonstrar a origem lícita dos bens e justificar por que estavam misturados a valores de procedência ilícita.

A interdição prevista na lei em comento possui mais especificidades do que a prevista no art. 92, I, do CP. A lei não traz requisito quantitativo de pena privativa de liberdade para sua aplicação e estabelece prazo de duração correspondente ao dobro da pena privativa de liberdade aplicada no caso concreto.

## 12. PRESCRIÇÃO

Prescrição é a extinção da pretensão de punir do Estado (prescrição da pretensão punitiva) ou de executar a punição imposta (prescrição da pretensão executória), face ao seu não exercício durante certo tempo. O não exercício da pretensão punitiva acarreta a perda do direito de impor a sanção. Então, só ocorre antes de transitar em julgado a sentença final. O Poder Público demorou tanto, que perdeu o direito de dizer se o sujeito é culpado ou inocente. Na hipótese da prescrição da pretensão executória, o Estado conseguiu a tempo condenar o infrator, mas não executou a pena imposta em seu devido tempo. Por essa razão, só ocorre após o trânsito em julgado para ambas as partes, já que somente após esse momento o Estado pode começar a executar a pena.

A Lei de Lavagem de Dinheiro não prevê regramento específico sobre a prescrição, sendo aplicáveis as regras gerais do Código Penal. O prazo prescricional será de 16 anos conforme art. 109, II, do CP, em razão de a pena cominada ser superior a 8 anos e não exceder a 12 anos. São aplicáveis as causas de redução do prazo prescricional pela metade no caso de agente menor de 21 anos, ao tempo do crime, ou por ser maior de 70 anos na data da sentença (art. 115 do CP). De igual modo, os termos iniciais serão os mesmos do art. 111 do CP e as causas impeditivas e interruptivas, as dos arts. 116 e 117 do CP, respectivamente.

Nos crimes permanentes, o prazo só começa a correr após a cessação da permanência (art. 111, III, do CP). A conduta de ocultação, prevista no art. 1º, *caput*, assim como as previsões típicas do art. 1º, § 1º, II, quais sejam, guardar e ter em depósito, e as do art. 1º, § 2º, II, participar de grupo, associação ou escritório, configuram hipóteses de crime permanente. As demais infrações previstas na lei são de crimes instantâneos com efeitos permanentes, os quais seguem a regra geral do art. 111, I, do CP, com a contagem do prazo prescricional se iniciando a partir da produção do resultado consumativo.

# III. Noções processuais

## 1. RITO PROCESSUAL

> Art. 2º O processo e julgamento dos crimes previstos nesta Lei:
> I – obedecem às disposições relativas ao procedimento comum dos crimes punidos com reclusão, da competência do juiz singular.

Da leitura do dispositivo, a conclusão é a de que são aplicadas as regras do procedimento comum ordinário aos crimes de lavagem de dinheiro (arts. 394, § 1º, I, e § 2º, do CPP c/c art. 17-A da Lei de Lavagem), tendo o CPP aplicação subsidiária.

Outra questão refere-se ao procedimento a ser adotado na hipótese de concurso entre o crime da lavagem de dinheiro e outro crime sujeito a procedimento especial. A doutrina majoritária entende que deverá ser aplicado o procedimento mais amplo, o qual, em regra, é o comum ordinário[1].

No conflito entre procedimentos, deve sempre prevalecer o mais amplo, ou seja, aquele que melhor proporciona o exercício do contraditório e da ampla defesa. Desse modo, em regra, no conflito entre procedimentos especiais, sempre mais concisos, e o comum ordinário, este último terá preferência, sob pena de nulidade absoluta por ofensa direta ao Texto Constitucional.

## 2. COMPETÊNCIA

Um dos princípios fundamentais norteadores do processo penal é o do juiz natural, diretamente relacionado à imparcialidade do juízo. Erigido ao patamar de garantia constitucional, assegura a todo indivíduo o direto de ser julgado perante o juiz dotado de competência pre-

---

[1] Nesse sentido: BADARÓ, Gustavo Henrique; BOTTINI, Pierpaolo Cruz. *Lavagem de dinheiro*: aspectos penais e processuais penais: comentários à Lei n. 9.613/98, com alterações da Lei n. 12.683/2012. 5. ed. São Paulo: Revista dos Tribunais, 2023. p. 253-254; e GRINOVER, Ada Pellegrini; GOMES FILHO, Antonio Magalhães; FERNANDES, Antonio Scarance. *As nulidades no processo penal*. 12. ed. São Paulo: Revista dos Tribunais, 2012. p. 238.

viamente fixada, de acordo com regras legais objetivas. É o que se extrai do art. 5º, LIII, da CF: "ninguém será processado nem sentenciado, senão pela autoridade competente". De igual modo, também é vedada, de forma absoluta, a designação de juízos ou tribunais de exceção (art. 5º, XXXVII, da CF).

Como uma das manifestações do poder soberano do Estado, a jurisdição consiste na atividade pela qual o Poder Púbico aplica o direito ao caso concreto, solucionando o conflito de interesses, qualificado por uma pretensão resistida.

Diante da impossibilidade de que um único juiz decida todas as inúmeras hipóteses de litígio existentes, a lei distribui entre os vários órgãos jurisdicionais a função de solucionar os conflitos de interesse. Essa delimitação de funções decisórias entre juízes denomina-se distribuição de competências. A competência é, assim, a medida e o limite da jurisdição, dentro dos quais o órgão judicial poderá dizer o direito e solucionar o caso concreto.

De acordo com o art. 2º, III, *a* e *b*, da Lei n. 9.613/98, são de competência da justiça federal os seguintes crimes de lavagem de dinheiro:

**(i)** *Alínea a*: praticados contra o sistema financeiro e a ordem econômico-financeira, ou em detrimento de bens, serviços ou interesses da União, ou de suas entidades autárquicas ou empresas públicas.

**(ii)** *Alínea b*: infração penal antecedente de competência da justiça federal.

Na primeira hipótese da alínea *a*, lavagem de dinheiro cometida contra o sistema financeiro ou ordem econômico-financeira, imaginemos um agente financeiro (corretor da bolsa de valores, por exemplo) que recebe informações privilegiadas de um policial federal que está investigando um escândalo envolvendo uma grande empresa e sabedor da inexistência de provas. A informação privilegiada do *insider trading* permite ao corretor saber de antemão que as ações sofrerão enorme valorização após a futura notícia do arquivamento da investigação. Isso lhe permite comprar ações desvalorizadas das vítimas e lucrar com a operação financeira. O produto desse crime contra o sistema financeiro é lavado, mediante ocultação em paraísos fiscais. O crime de lavagem terá sido praticado contra o sistema financeiro, firmando a competência da justiça federal.

Na segunda hipótese da alínea *a*, um crime de corrupção passiva cometido em prejuízo de uma empresa pública ou autarquia federal, cujos valores ilícitos são submetidos à operação de lavagem. A competência também será da justiça federal.

A hipótese da alínea *b* ocorre quando a infração penal antecedente for de competência da justiça federal, como no caso da lavagem do dinheiro proveniente do tráfico internacional de drogas ao exterior (Lei n. 11.343/2006 – Lei de Drogas, art. 33, *caput* c/c art. 70), ou mesmo crime contra o sistema financeiro.

Da leitura do dispositivo decorre a conclusão lógica de que nos demais casos a competência será da justiça estadual. Nesse sentido, já decidiu o STJ[2]: "O delito de lavagem de dinheiro não é, por si só, afeto à justiça federal, se não sobressai a existência de crime antecedente de competência da justiça federal e se não se vislumbra, em princípio, qualquer lesão ao sistema financeiro nacional, à ordem econômico-financeira, a bens, serviços ou interesses da União, de suas autarquias ou empresas públicas".

A competência da justiça federal nesses casos de lavagem de dinheiro decorre não só da lei, mas diretamente da Constituição Federal, do que se conclui que sua inobservância implica nulidade absoluta, isto é, vício insanável, capaz de ser reconhecido *ex officio*, em qualquer fase do processo.

Com efeito, estabelece o art. 109, IV, da CF que é de competência de justiça federal o julgamento das infrações penais praticadas em detrimento de bens, serviços ou interesse da União ou de suas entidades autárquicas ou empresas públicas, excluídas as contravenções penais de qualquer natureza. Do mesmo modo, o mesmo art. 109, no inciso VI, também fixa a competência da justiça federal, nos casos determinados por lei, de crimes contra o sistema financeiro e a ordem econômico-financeira.

Quanto às contravenções penais, sempre serão de competência da justiça comum, ainda que dotadas de caráter transnacional ou cometidas em prejuízo da União. É o que dispõe o art. 109, IV, da CF. O art. 2º, III, *b*, da Lei de Lavagem de Dinheiro não precisaria, portanto, empregar a expressão genérica "infração", mas tão somente "crime".

---

[2] HC n. 23.952/ES 2002/0101100-0, Rel. Min. Gilson Dipp, j. 4-11-2003, 5ª T., *DJ* 1-12-2003, p. 373.

Havendo concurso de crimes de competência da justiça comum com crimes de competência da justiça federal, esta terá competência para julgar todos os crimes. Se o concurso for entre o crime federal e uma contravenção, não haverá prorrogação de competência, devendo a justiça comum julgar a contravenção e a justiça federal julgar o crime de sua competência. Súmula 122 do STJ: "Compete à justiça federal o processo e julgamento unificado dos crimes conexos de competência federal e estadual, não se aplicando a regra do art. 78, II, *a*, do Código de Processo Penal".

## 2.1. Competência por conexão

Conexão é o vínculo, o liame, o nexo que se estabelece entre dois ou mais fatos, o qual os torna entrelaçados por algum motivo, sugerindo a sua reunião no mesmo processo, para que sejam julgados pelo mesmo juiz, diante do mesmo compêndio probatório e com isso se evitem decisões contraditórias. Desse modo, a conexão implica a reunião das ações penais em um mesmo processo e a prorrogação da competência (art. 79, *caput*, do CPP). Vejamos as suas espécies:

**(i)** *Conexão intersubjetiva*, que se subdivide em:

– *Conexão intersubjetiva por simultaneidade (art. 76, I, primeira parte, do CPP)*: quando duas ou mais infrações são praticadas, ao mesmo tempo, por várias pessoas reunidas, sem que exista liame subjetivo entre elas, ou seja, sem que estejam atuando em concurso de agentes. É o caso da autoria colateral. Por exemplo: ao final do jogo entre Corinthians e Portuguesa, em setembro de 1980, após o árbitro ter apitado um pênalti contra o Corinthians, seus torcedores, impulsivamente, sem ajuste prévio e de inopino, começaram a destruir todo o estádio do Pacaembu. O ideal é que o mesmo juiz julgue todos os infratores.

– *Conexão intersubjetiva concursal ou por concurso (art. 76, I, segunda parte, do CPP)*: quando duas ou mais infrações são praticadas por várias pessoas em concurso, embora diversos o tempo e o lugar. Nesse caso, os agentes estão unidos pela identidade de propósitos, resultando os crimes de um acerto de vontades visando ao mesmo fim. Ao contrário da primeira hipótese, não há reunião ocasional, mas um vínculo subjetivo unindo todos os agentes. É o caso, por exemplo, das grandes quadrilhas de sequestradores, em que um executa o sequestro, outro vigia o local, um terceiro planeja a ação, outro negocia o resgate e assim por diante. Todos devem ser julgados pelo mesmo juiz.

– *Conexão intersubjetiva por reciprocidade (art. 76, I, parte final, do CPP)*: quando duas ou mais infrações são praticadas por várias pessoas, umas contra as outras. É o caso das lesões corporais recíprocas, em que dois grupos rivais bem identificados se agridem. Os fatos são conexos e devem ser reunidos em um mesmo processo.

**(ii)** *Conexão objetiva, lógica ou material*: quando uma infração é praticada para facilitar a execução de outra (conexão objetiva teleológica) ou para ocultar, garantir vantagem ou impunidade a outra (conexão objetiva consequencial). No primeiro caso, tomemos como exemplo o traficante que mata policial para garantir a venda de entorpecentes a seus clientes. Outro exemplo é o do agente que falsifica cartão de crédito e com ele pratica inúmeros estelionatos (não há absorção porque o crime-meio não se exauriu no crime-fim, já que o documento falsificado continuou sendo usado após o primeiro golpe). Na hipótese da conexão consequencial, o sujeito, após matar a esposa, incinera o cadáver, ocultando as cinzas, ou mata a empregada, testemunha ocular do homicídio (garantindo sua impunidade).

**(iii)** *Conexão instrumental ou probatória*: quando a prova de uma infração influir na outra.

No caso dos crimes de lavagem de dinheiro, as hipóteses mais comuns são de conexão objetiva, por exemplo, uma corrupção passiva, na qual a propina recebida pelo agente público é objeto de lavagem posterior, mediante dissimulação de sua origem ilícita. Exemplo de conexão instrumental seria o do crime de lavagem de dinheiro utilizado como prova para demonstrar o sistema de operações de uma organização criminosa.

Ocorrendo a reunião dos processos pela conexão ou continência, poderá haver prorrogação de competência em relação a um dos crimes, gerando a dúvida: qual o juízo que fará prevalecer a sua competência sobre a do outro? O art. 78 do Código de Processo Penal dispõe a respeito:

**(i)** No concurso entre a competência material do Júri e a de outro órgão da jurisdição comum prevalecerá a do Júri. Imaginemos um homicídio qualificado pela recompensa (art. 121, § 2º, I, do CP), no qual o criminoso fez uso de ocultação ou dissimulação para encobrir a origem criminosa do valor recebido pelo mandante. Nesse caso, haverá a reunião dos processos com a prorrogação da competência do Tribunal do Júri.

**(ii)** No concurso entre infrações penais de competência da jurisdição comum, não havendo crime da competência do Júri, prevalecerá a do juízo competente para o julgamento da infração mais grave. Seria o caso da reunião dos processos para o julgamento unificado dos crimes de corrupção passiva e de lavagem de dinheiro, com a prorrogação em favor do juízo competente para a corrupção passiva, por se tratar da infração mais grave.

**(iii)** No concurso entre infrações penais de igual gravidade (ou de idêntico procedimento, na opinião de Greco Filho), todas da competência da jurisdição comum, e não havendo nenhuma de competência do Júri, prevalecerá a competência do juízo do lugar onde tiver sido cometido o maior número de infrações.

**(iv)** Não havendo diferença entre jurisdição competente, gravidade e número de infrações, a competência será determinada pela prevenção.

**(v)** No concurso entre a jurisdição comum e a especial, em que ambas estejam fixadas por lei, prevalecerá a especial, de modo que os processos deverão ser reunidos por força da conexão e julgados todos perante o juízo dotado de jurisdição especial. É o caso da prorrogação da competência da Justiça Eleitoral para o julgamento dos crimes comuns conexos ao eleitoral. O tema se tornou objeto de grande discussão e relevância em razão da Operação Lava Jato e outros julgamentos envolvendo práticas ilícitas por autoridades públicas, nos quais grande parte dos crimes comuns foram praticados com fins eleitorais. Será apreciado em tópico individual adiante.

**(vi)** No concurso entre jurisdição comum estadual e jurisdição comum federal prevalece a da justiça federal, embora não haja diferença de hierarquia entre ambas, nem se possa falar que a justiça federal é especial em relação à estadual. Nesse caso, são as hipóteses de lavagem de dinheiro de competência da justiça federal descritas no art. 2º, III, da Lei n. 9.613/98 em conexão com crimes de competência da justiça estadual. No exemplo citado na alínea *a*, há os crimes de corrupção ativa e passiva, crime contra o sistema financeiro e lavagem de dinheiro na modalidade ocultação de valores e, em razão da conexão, serão todos processados e julgados perante a justiça federal.

**(vii)** Na hipótese de crime cometido por agente detentor de foro privilegiado em concurso com outros agentes que não gozam do mesmo privilégio, haverá a reunião dos processos no foro da autoridade privilegiada. Tal entendimento está consubstanciado na Súmula 704 do STF, segundo a qual: "Não viola as garantias do juiz natural, da ampla defesa e do devido processo legal a atração por continência ou conexão do processo do corréu ao foro por prerrogativa de função de um dos denunciados".

### 2.1.1. Competência da Justiça Eleitoral em caso de conexão com crime eleitoral

A Constituição Federal de 1988 dedica seção própria à Justiça Eleitoral (Seção VI), dispondo sobre sua organização, composição e competências (art. 121 e ss.). Por seu turno, o já mencionado art. 109, IV, ao disciplinar a competência criminal da justiça federal, ressalva a competência da Justiça Eleitoral: "Art. 109. Aos juízes federais compete processar e julgar: (...) IV – os crimes políticos e as infrações penais praticadas em detrimento de bens, serviços ou interesse da União ou de suas entidades autárquicas ou empresas públicas, excluídas as contravenções e *ressalvada a competência* da Justiça Militar e *da Justiça Eleitoral*".

A Lei n. 4.737/65, que instituiu o Código Eleitoral, traz em seu art. 35, II, de forma cristalina *a competência privativa da Justiça Eleitoral para processar e julgar os crimes eleitorais e dos crimes comuns conexas*: "Art. 35. Compete aos juízes: (...) II – processar e julgar os crimes eleitorais e os comuns que lhe forem conexos, ressalvada a competência originária do Tribunal Superior e dos Tribunais Regionais".

Como se verifica, tanto a Constituição Federal quanto a legislação infraconstitucional reconhecem a Justiça Eleitoral como justiça especializada, dotada de competência exclusiva para julgar os crimes eleitorais e aqueles que lhes sejam conexos.

Conforme já dito, a conexão é o vínculo, o liame, o nexo que se estabelece entre dois ou mais fatos, o qual os torna entrelaçados por algum motivo, sugerindo a sua reunião no mesmo processo, para que sejam julgados pelo mesmo juiz, diante do mesmo compêndio probatório e com isso se evitem decisões contraditórias. Desse modo, a conexão implica a reunião das ações penais em um mesmo processo e a prorrogação da competência.

O Código de Processo Penal, ao estabelecer as regras de determinação da competência em razão da conexão, estipula que, nos casos de concorrência entre a justiça comum e a justiça especializada, deverá prevalecer esta última: "Art. 78. Na determinação da competência por conexão ou continência, serão observadas as seguintes regras: (...) IV – no concurso entre a jurisdição comum e a especial, prevalecerá esta".

Dessa maneira, na hipótese de crime eleitoral cometido em concurso com infração penal sujeita à justiça comum, deve prevalecer a competência da Justiça Eleitoral, por força do princípio da especialidade, nos termos dos arts. 35, II, do Código Eleitoral e 78, IV, do Código de Processo Penal.

Nesse sentido, Edilson Bonfim: "Na hipótese de concurso de competências, portanto, prevalece a competência da Justiça Eleitoral em detrimento da competência dos demais órgãos judiciários (art. 78, IV, do Código de Processo Penal)"[3]. Na mesma linha, Aury Lopes Jr.: "Sempre que tivermos um crime eleitoral conexo com um crime comum, previsto no Código Penal, a competência para julgamento de ambos (reunião por força da conexão) será da Justiça Eleitoral (art. 78, IV)"[4].

Esse também o entendimento do STJ. No AgRg na Ação Penal n. 865/DF[5], o Relator Ministro Herman Benjamin enfatizou: "O Supremo Tribunal Federal, intérprete maior da Constituição Federal, já teve oportunidade de se debruçar sobre o tema por diversas vezes, firmando entendimento de que a Justiça Eleitoral é competente para o processo e julgamento dos crimes eleitorais e dos comuns que lhe sejam conexos, na exata dicção dos arts. 35, II, do Código Eleitoral e 78, IV, do Código de Processo Penal".

Ao julgar os embargos de declaração no Inq n. 1.181/DF[6], a Corte Especial, por unanimidade, reafirmou a competência penal da Justiça Eleitoral, em sua condição de foro prevalente, para processar e julgar crimes eleitorais e delitos a estes conexos: "Fica expressamente consignado no acórdão, ainda, que a apuração da prática de crimes eleitorais e conexos é de competência do Juízo Eleitoral da 177ª Zona Eleitoral de Curitiba".

---

[3] BONFIM, Edilson Mougenot. *Curso de processo penal*. São Paulo: Saraiva, 2019. E-book. p. 586.
[4] LOPES JR., Aury. *Direito processual penal*. 16. ed. São Paulo: Saraiva, 2019. p. 310.
[5] AgRg na APn n. 865/DF 2016/0225218-9, Rel. Min. Herman Benjamin, j. 7-11-2018, CE, *DJe* 13-11-2018.
[6] EDcl nos EDcl no Inq n. 1.181/DF 2017/0137230-5, Rel. Min. Og Fernandes, j. 21-11-2018, CE, *DJe* 8-2-2019.

## III. Noções processuais

No mesmo sentido, o STF, no bojo do Inquérito n. 4.435/DF[7], instaurado a partir da colaboração premiada do grupo Odebrecht, com o fim de apurar pagamento de vantagens indevidas e de recursos eleitorais não contabilizados em favor de agentes públicos, decidiu: "Compete à Justiça Eleitoral julgar os crimes eleitorais e os comuns que lhe forem conexos – inteligência dos arts. 109, IV, e 121 da Constituição Federal, 35, II, do Código Eleitoral e 78, IV, do Código de Processo Penal".

Em seu voto, o relator, Ministro Marco Aurélio, afirmou: "A ressalva prevista no art. 109, IV, bem assim a interpretação sistemática dos dispositivos constitucionais, afastam, no caso, a competência da Justiça comum, *federal ou estadual*, e, ante a conexão, implica a configuração, em relação a todos os delitos, da competência da Justiça Eleitoral" (grifo nosso).

O Ministro Ricardo Lewandowski asseverou: "em se verificando [...] que há processo penal, em andamento na justiça federal, por crimes eleitorais e crimes comuns conexos, é de se conceder *habeas corpus*, de ofício, para anulação, a partir da denúncia oferecida pelo Ministério Público Federal, e encaminhamento dos autos respectivos à Justiça Eleitoral de primeira instância"[8].

Para o Ministro Gilmar Mendes, "há uma *ratio* igualmente relevante, sob o ponto de vista constitucional, para a atribuição à Justiça Eleitoral da competência para julgamento dos crimes eleitorais e conexos, que é a preocupação com o bom funcionamento das regras do sistema democrático e com a lisura dos pleitos eleitorais. A jurisprudência do STF pacificou-se no sentido de admitir a prorrogação da competência em favor da Justiça Eleitoral, mesmo quando relativo a fatos de competência da justiça federal ou nas hipóteses de foro por prerrogativa de função – casos definidos como de competência absoluta em razão da matéria ou da pessoa".

Em igual sentido, o Ministro Celso de Mello, ao consignar que: "Cabe acentuar, portanto, que a competência penal da Justiça Eleitoral se estende, por isso mesmo, e também *ex vi* do que prescreve o art. 78, IV, do Código de Processo Penal, aos delitos que, embora incluídos na esfera de atribuições jurisdicionais da justiça federal comum, guardem

---

[7] Inq n. 4.435 AgR-quarto, Rel. Min. Marco Aurélio, TP, j. 14-3-2019, *DJe* 21-8-2019.
[8] CC n. 7.033/SP, Rel. Min. Sydney Sanches, TP, 2-10-1996.

relação de conexidade com aquelas infrações delituosas eleitorais referidas no Código Eleitoral".

O mesmo ocorre com os delitos tipificados na Lei n. 9.613/98, ou seja, quando a lavagem for praticada junto com crime eleitoral, deverá ocorrer o deslocamento da competência para a Justiça Eleitoral, em razão da conexão. É o que se extrai também do julgamento da PET n. 5.700/DF[9], de relatoria do Ministro Celso de Mello, na qual a colaboração descrevia um suposto pagamento de caixa dois para as campanhas eleitorais, por meio de recursos de origem alegadamente ilícita da UTC Engenharia. No caso, o próprio Procurador-Geral da República, à época, opinou pelo desmembramento e remessa dos autos à Justiça Eleitoral por constatar a eventual prática do crime de caixa dois, enquadrado no art. 350 do Código Eleitoral, em conexão com o crime de lavagem de dinheiro (art. 1º, § 1º, da Lei n. 9.613/98): "O Chefe do Ministério Público da União também requer a separação da presente investigação penal, caso determinada a instauração dos inquéritos em referência, de tal modo que remanesçam, nesta Corte Suprema, apenas os procedimentos investigatórios contra as autoridades detentoras de prerrogativa de foro perante o Supremo Tribunal Federal, ordenando-se a extração de cópias e a posterior remessa de todas as peças à Justiça Eleitoral de São Paulo (Capital) e de Minas Gerais (Belo Horizonte)".

Em sentido contrário, Gustavo Badaró[10] entende que: "Se a lavagem de dinheiro for de competência da justiça federal, como essa é definida pela Constituição Federal (art. 109), o correto seria a não reunião dos processos. A impossibilidade de reunião dos feitos, com julgamento conjunto, decorre do fato de que a competência da justiça federal tem assento constitucional e, como tal, não poderia uma regra infraconstitucional, no caso o art. 35, II, do Código Eleitoral, afastar aquela previsão hierarquicamente superior".

Todavia, como já demonstrado, esse não é o entendimento prevalente adotado pelos Tribunais Superiores, os quais defendem a reunião dos processos na Justiça Eleitoral, ainda que se trate de crime comum de competência da justiça federal.

---

[9] Pet n. 5.700/DF, Rel. Min. Celso de Mello, j. 22-9-2015, *DJe* 24-9-2015.
[10] BADARÓ, Gustavo Henrique; BOTTINI, Pierpaolo Cruz. *Lavagem de dinheiro*: aspectos penais e processuais penais: comentários à Lei n. 9.613/98, com alterações da Lei n. 12.683/2012. 5. ed. São Paulo: Revista dos Tribunais, 2023. p. 346.

Finalmente, há controvérsia no tocante ao rito processual aplicado em caso de conexão de crime comum com o crime eleitoral. Entendemos que deve prevalecer o procedimento comum, por ser mais amplo, sob pena de afronta ao princípio da ampla defesa. A adoção do rito célere eleitoral para julgamento de crime comum implica nulidade absoluta e indevida restrição do direito de defesa do autor da infração não eleitoral. Em sentido contrário, já houve manifestação do TSE[11]: "No processo relativo a crimes eleitorais, o réu é citado para contestar, não se prevendo a realização de interrogatório. O mesmo procedimento se aplica quando o processo inclua crimes comuns, conexos com os eleitorais, também da competência desta justiça especializada".

### 2.1.2. Conexão em razão do foro por prerrogativa de função

A delimitação de competência em razão da prerrogativa de função é feita pela Constituição Federal, de acordo com a chamada competência *ratione personae*.

De fato, confere-se a algumas pessoas, devido à relevância da função exercida, o direito de serem julgadas em foro privilegiado. Não há que se falar em ofensa ao princípio da isonomia, já que não se estabelece a preferência em razão da pessoa, mas da função. Na verdade, o foro por prerrogativa visa preservar a independência do agente político, no exercício de sua função, e garantir o princípio da hierarquia, não podendo ser tratado como um simples privilégio pessoal. Sendo assim, é possível que o crime de lavagem não seja julgado nem pela justiça comum, federal ou estadual, nem pela justiça especializada, como o caso da eleitoral. Há casos em que um dos agentes envolvidos na prática do delito de lavagem de dinheiro possui foro privilegiado, em razão da função exercida, de modo que haverá a reunião dos processos no STF ou no STJ, a depender da função.

Suponhamos um deputado federal que, com a ajuda de assessores parlamentares sem foro privilegiado, abre uma conta em nome de laranja para receber valores ilícitos, como condição para proferir voto favorável a determinado projeto de lei. No caso, de apenas o deputado federal possuir o foro por prerrogativa, estabelecido na Constituição Federal, em razão da conexão, seus assessores também serão julgados

---

[11] TSE, HC n. 377/AM, Rel. Min. Eduardo Andrade Ribeiro de Oliveira, j. 17-2-2000, publ. 2-6-2000.

pela Corte Suprema. De igual modo, Governador de Estado que desvia dinheiro de obra pública e com ajuda de seus assessores dissimula sua origem ilícita. Haverá a prorrogação da competência para o STJ. Destaque-se que a atração por conexão do processo do corréu ao foro por prerrogativa de função de um dos denunciados não viola os princípios constitucionais do juiz natural, da ampla defesa e do devido processo legal, nos termos da Súmula 704 do STF: "Não viola as garantias do juiz natural, da ampla defesa e do devido processo legal, a atração, por continência ou conexão, do processo do corréu ao foro por prerrogativa de função de um dos denunciados".

Ocorre que, embora este seja o entendimento extraído da leitura conjunta da Constituição Federal e do Código de Processo Penal, o STF tem alterado essa posição em julgados recentes, com base no art. 80 do CPP, optando pelo desmembramento dos processos para manter no tribunal mais graduado apenas o réu detentor da prerrogativa de foro.

Nesse sentido, os julgamentos da Pet n. 7.792/DF[12]: "A jurisprudência do Supremo Tribunal Federal passou a adotar como regra o desmembramento dos inquéritos e ações penais originárias no tocante a coacusados não detentores de foro por prerrogativa de função, admitindo-se, apenas excepcionalmente, a atração da competência originária quando se verifique que a separação seja apta a causar prejuízo relevante, aferível em cada caso concreto. Ausente qualquer circunstância excepcional que pressuponha a estreita vinculação da conduta de denunciado não detentor do foro por prerrogativa de função perante o Supremo Tribunal Federal com o titular dessa especial condição, revela-se impositiva a cisão processual".

No mesmo sentido, STF, Pet n. 7.512/RN[13]: "Restrições ao processamento de foro por prerrogativa de função determinadas por cortes estaduais quando não se verifique que a separação seja apta a causar prejuízo relevante, aferível em cada caso concreto, refletem a orientação sedimentada no Supremo Tribunal Federal, que passou a adotar como regra o desmembramento dos inquéritos e ações penais originárias no tocante a coinvestigados ou corréus não detentores de foro por prerrogativa de função".

---

[12] Pet n. 7.792/DF 0076035-82.2018.1.00.0000, Rel. Min. Edson Fachin, j. 13-11-2018, 2ª T.
[13] Pet n. 7.512/RN 0067249-49.2018.1.00.0000, Rel. Min. Edson Fachin, j. 20-11-2018, 2ª T.

III. Noções processuais 83

E ainda, Questão de Ordem da AP n. 871/PR[14]: "a atual jurisprudência do STF é no sentido de que as normas constitucionais sobre prerrogativa de foro devem ser interpretadas restritivamente, o que determina o desmembramento do processo criminal sempre que possível, mantendo-se sob a jurisdição especial, em regra e segundo as circunstâncias de cada caso, apenas o que envolva autoridades indicadas na Constituição".

O entendimento da Suprema Corte permanece inalterado, ainda que se trate de crime de concurso necessário. É o que se extrai do Inq n. 4.325/DF[15], envolvendo crime de organização criminosa: "Nessa linha, sem renegar o sobredito verbete sumular, é assente o entendimento segundo o qual a manutenção de corréus sem prerrogativa de foro constitui situação excepcional, ainda que presentes hipóteses de conexão e continência e, portanto, está sedimentada a compreensão de ser o desmembramento a regra, nos termos do art. 80 do Código de Processo Penal (...) Nesse diapasão, não depreendo motivo suficiente a justificar a permanência perante esta Suprema Corte de causa penal contra envolvidos que não detenham foro por prerrogativa de função".

Outra problemática diz respeito ao caso em que ambos os autores do delito possuem foro por prerrogativa de função estabelecido pela CF. Suponhamos que, nos exemplos anteriores, o concurso de agentes teria ocorrido entre o deputado federal e o governador. Ambos possuem foro especial, qual seria o competente para o julgamento unificado dos processos?

Gustavo Badaró[16] entende que: "outro caminho não haverá, senão a separação dos feitos, sendo cada um julgado por seu tribunal constitucionalmente competente". Em sentido contrário, Vicente Greco Filho[17] considera que "prevalece o tribunal de maior hierarquia, se houver um ou mais de um acusado com foro por prerrogativa de função".

---

[14] AP n. 871/PR, Rel. Min. Teori Zavascki, j. 10-6-2014, 2ª T., *DJe* 30-10-2014.
[15] Inq n. 4.432/DF 0002474-59.2017.1.00.0000, Rel. Min. Edson Fachin, j. 2-4-2018.
[16] BADARÓ, Gustavo Henrique; BOTTINI, Pierpaolo Cruz. *Lavagem de dinheiro*: aspectos penais e processuais penais: comentários à Lei n. 9.613/98, com alterações da Lei n. 12.683/2012. 5. ed. São Paulo: Revista dos Tribunais, 2023. p. 348-352.
[17] GRECO FILHO, Vicente. *Manual de processo penal*. 12. ed. Florianópolis: Tirant lo Blanch, 2019. p. 196.

O STF já reconheceu a competência do STJ para julgar em conexão um desembargador e um promotor de justiça, no HC n. 91.437/PI[18]: "Assim, fixada a competência do Superior Tribunal de Justiça, por prerrogativa de função de um dos coautores, a jurisdição do Tribunal prevalece sobre as demais, de menor categoria, ainda que estas também tenham sido fixadas em razão de prerrogativa de função".

Em nosso entendimento, o foro por prerrogativa de função, conhecido como foro privilegiado, não viola o princípio da isonomia, mas constitui fundamentada exceção a ele, uma vez que a competência é estabelecida não como um privilégio pessoal, mas como garantia de independência no exercício da função por determinados agentes políticos e autoridades. Entendemos que como exceção ao princípio da isonomia, sua interpretação deve ser restritiva, de maneira que a regra deve ser a não reunião dos processos perante o órgão detentor da competência para o julgamento da autoridade com foro privilegiado. A conexão e a continência são dispositivos de natureza infraconstitucional, estabelecidos pelo CPP, e não suplantam a regra constitucional do foro excepcional, nem se sobrepõem ao princípio da isonomia, que é princípio constitucional sensível e cláusula pétrea. Sendo a interpretação restritiva, a regra deve ser a do desmembramento. O mesmo raciocínio deve prevalecer quando há duas autoridades com foro privilegiado, mas em tribunais diversos, devendo cada qual ser julgada por seu respectivo órgão jurisdicional dotado de competência originária. Entendimento diverso, além de afrontar a regra da interpretação restritiva, suprimiria da autoridade com foro inferior uma instância, violando seu direito à ampla defesa.

## 3. CITAÇÃO E NÃO APLICAÇÃO DO ART. 366 DO CPP

O art. 2º, § 2º, da Lei n. 9.613/98 dispõe que "no processo por crime previsto nesta Lei, não se aplica o disposto no art. 366 do Decreto-lei n. 3.689, de 3 de outubro de 1941 (Código de Processo Penal), devendo o acusado que não comparecer nem constituir advogado ser citado por edital, prosseguindo o feito até o julgamento, com a nomeação de defensor dativo". Isso significa que aos crimes de lavagem de dinheiro não se aplicam as regras de suspensão do processo e do prazo prescricional no caso de acusado, citado por edital, que não comparecer, nem constituir advogado.

---

[18] HC n. 91.437/PI, Rel. Min. Cezar Peluso, j. 4-9-2007, 2ª T., publ. 19-10-2007.

III. Noções processuais 85

O dispositivo é polêmico e alvo de muitas críticas. Parte da doutrina entende que ele é inconstitucional, por violação às garantias do contraditório e da ampla defesa, além de incompatível com diplomas internacionais de direitos humanos, como a Convenção Americana, a qual estabelece a todos o direito à comunicação prévia e pormenorizada de acusação contra si formulada (art. 8º, 2, b).

Gustavo Badaró[19] entende não ser plausível a argumentação de que o dispositivo busca evitar a impunidade, isso porque crimes com pena máxima de dez anos possuem chances de prescrição mínimas. Segundo o autor, "estando reservada a citação por edital para os casos em que não há má-fé por parte do acusado que não está a abusar do direito de defesa, não há razão para deixar de reconhecer para os casos em que efetivamente a citação pessoal não ocorreu porque o acusado não foi encontrado, a aplicação da máxima *abstentem in criminibus damnari non potest*".

Para Márcia Monassi e Edilson Bonfim[20], "a análise do dispositivo levaria a uma declaração de inconstitucionalidade parcial da norma sem redução de texto. O dispositivo permanece válido, no sentido de ser aplicado aos acusados que agem com má-fé processual furtando-se à citação pessoal. Nos demais casos, seria inaplicável por manifesta inconstitucionalidade, promovendo-se a declaração parcial de nulidade sem redução de texto".

Em sentido contrário, o STJ tem aplicado o dispositivo, a exemplo do HC n. 571.463[21]: "Em razão da expressa previsão legal para o prosseguimento do feito (art. 2º, § 2º, da Lei n. 9.613/98), a aplicação da regra prevista no art. 366 do Código de Processo Penal consubstanciaria um prêmio para o infrator do delito e um obstáculo à descoberta de outros crimes praticados com a lavagem ou a ocultação de dinheiro".

O dispositivo em questão é claramente incompatível com a moderna interpretação dos princípios do contraditório e ampla defesa e não se justifica sob nenhum argumento, considerando-se que não se aplica

---

[19] BADARÓ, Gustavo Henrique; BOTTINI, Pierpaolo Cruz. *Lavagem de dinheiro*: aspectos penais e processuais penais: comentários à Lei n. 9.613/98, com alterações da Lei n. 12.683/2012. 5. ed. São Paulo: Revista dos Tribunais, 2023. p. 375-379.
[20] BONFIM, Marcia Monassi Mougenot; BONFIM, Edilson Mougenot. *Lavagem de dinheiro*. 2. ed. São Paulo: Malheiros, 2008. p. 86-94.
[21] HC n. 571.463/SP 2020/0082055-7, Rel. Min. Laurita Vaz, j. 29-3-2022, 6ª T., *DJe* 4-4-2022.

a delitos muito mais graves como homicídio qualificado, latrocínio, estupro com resultado morte e extorsão mediante sequestro com resultado morte.

## 4. A REVOGAÇÃO DO ART. 3º

A Lei n. 12.683/2012 promoveu diversas alterações na Lei de Lavagem de Dinheiro, dentre as quais a revogação de seu art. 3º. O antigo dispositivo dispunha serem os crimes de lavagem insuscetíveis de fiança e liberdade provisória e, em caso de sentença condenatória, caberia ao juiz a decisão sobre a possibilidade de apelação em liberdade ("Os crimes disciplinados nesta Lei são insuscetíveis de fiança e liberdade provisória e, em caso de sentença condenatória, o juiz decidirá fundamentadamente se o réu poderá apelar em liberdade").

A lei, na realidade, referia-se à proibição de concessão de liberdade provisória, com ou sem fiança, tal como na Lei do Crime Organizado e Lei dos Crimes Hediondos. Tal previsão foi considerada inconstitucional. Nem mesmo os crimes hediondos e equiparados, merecedores de especial atenção pela nossa CF, têm essa vedação, a qual foi abolida pela Lei n. 11.464/2007. A prisão provisória é medida cautelar e requer o preenchimento do binômio necessidade e adequação (art. 282 do CPP). Não pode o legislador, de forma abstrata e antecipada, retirar do magistrado a análise da cautelaridade da situação concreta submetida à sua apreciação.

Por esses motivos, entendemos que agiu corretamente o legislador na revogação do art. 3º.

## 5. MEDIDAS ASSECURATÓRIAS

Medidas assecuratórias são providências cautelares de natureza processual, urgentes e provisórias, determinadas com o fim de assegurar a eficácia de uma futura decisão judicial, seja para garantir a provável reparação do dano decorrente do crime, seja para assegurar a eficácia da futura execução da pena a ser imposta.

De acordo com o art. 4º, o juiz, de ofício, a requerimento do Ministério Público ou mediante representação do delegado de polícia (ouvido o Ministério Público no prazo de 24 horas), poderá decretar medidas assecuratórias de bens, direitos ou valores do investigado, acusado ou camufladas em nome de terceiros, considerados instrumento, produto ou proveito da lavagem de dinheiro ou do crime antecedente, desde que haja indícios suficientes do cometimento da infração penal.

A medida assecuratória poderá recair, por exemplo, sobre a propina diretamente recebida pelo agente público (produto ou vantagem direta), ainda que depositada em conta de "laranjas", ou sobre bens adquiridos pelo agente com dinheiro obtido com a prática criminosa (proveito ou vantagem indireta). Desse modo, o dispositivo acabou por ampliar o conceito de referibilidade, comumente identificável no sequestro.

Referibilidade é o nexo de pertinência lógica entre o caso concreto, o qual exige a imposição da medida cautelar, e a possibilidade jurídica de ela ser imposta, ou seja, seu cabimento. A referibilidade tem grande volatilidade fática e pode mudar a todo instante, justificando a cessação da medida restritiva ou sua modificação, tudo a depender da mutabilidade da situação concreta. Assim, uma prisão cautelar pode ser necessária em um momento e, posteriormente, não se justificar mais, ou ser substituída por outra menos gravosa. Nesse caso, sua manutenção seria ilegal e poderia configurar abuso de autoridade.

De acordo com Rodrigo Capez, "a referibilidade está intrinsecamente ligada ao critério da atualidade, portanto, os pressupostos que autorizam uma medida cautelar devem estar presentes não apenas no momento de sua imposição, como também necessitam se protrair no tempo, para legitimar sua subsistência"[22].

Na hipótese da medida cautelar do sequestro de bens, tal providência se destina a assegurar a eficácia de futura sentença penal condenatória, incidindo sobre bens obtidos mediante a prática da infração penal. Na sistemática do CPP, exige-se relação direta entre os bens ou valores sequestrados e o crime que está sendo apurado, não sendo possível a imposição de sequestro de bens diversos da infração penal objeto do processo ou investigação[23]. Não se pode, por exemplo, sequestrar bens provenientes de um roubo em ação penal cujo objeto é corrupção passiva.

---

[22] CAPEZ, Rodrigo. *Prisão e medidas cautelares diversas*: a individualização da medida cautelar no processo penal. São Paulo: Quartier Latin, 2017. p. 383-384.
[23] BADARÓ, Gustavo Henrique; BOTTINI, Pierpaolo Cruz. *Lavagem de dinheiro*: aspectos penais e processuais penais: comentários à Lei n. 9.613/98, com alterações da Lei n. 12.683/2012. 5. ed. São Paulo: Revista dos Tribunais, 2023. p. 388-392.

Com a atual redação do *caput* do art. 4º, o sequestro poderá recair tanto sobre o delito de lavagem quanto sobre o crime antecedente, no curso de ação penal ou inquérito policial.

A alteração promovida pela Lei n. 12.683/2012 ampliou o alcance das medidas assecuratórias, antes limitadas às hipóteses de sequestro e apreensão, ao empregar genericamente o termo *medidas assecuratórias*, as quais poderão ser decretadas de ofício pelo juiz, a requerimento do Ministério Público ou mediante representação da autoridade policial. A medida poderá ser decretada mesmo antes do inquérito policial, desde que surjam indícios veementes da prática de lavagem, por exemplo, se a autoridade investigante tomar conhecimento da necessidade da imposição da medida e sua urgência exigir ação imediata, mesmo sem a existência de inquérito instaurado.

Ao contrário do processo civil, no processo penal não existe poder geral de cautela do juiz, por ser tratar de ramo mais invasivo na esfera individual, que afeta o *jus libertatis* do cidadão. Assim, deve se ater o juiz à legalidade estrita, só aplicando as medidas expressamente previstas, sem analogia ou aplicação subsidiária do CPC.

Como nos ensina Rodrigo Capez, "no processo civil, dada a impossibilidade de o legislador antever todas as situações de risco, outorga-se expressamente ao juiz o poder de conceder a tutela de urgência que reputar mais apropriada ao caso concreto, ainda que não prevista em lei. Trata-se do chamado poder geral de cautela, anteriormente previsto no art. 798 do revogado CPC, o qual admitia a concessão de medidas cautelares atípicas ou inominadas, e agora contemplado como poder geral de editar tutelas provisórias, de urgência, ou de evidência (CPC, art. 297). Assentada a premissa de que o processo penal é um instrumento limitador do poder punitivo estatal (CF, art. 5º, LIV), exige-se a observância da legalidade estrita e da tipicidade processual para qualquer restrição ao direito de liberdade. O princípio da legalidade incide no processo penal, enquanto 'legalidade da repressão', como exigência de tipicidade (*nulla coactio sine lege*) das medidas cautelares, a implicar o princípio da taxatividade: medidas cautelares são apenas aquelas legalmente previstas e nas hipóteses estritas que a lei autoriza. O juiz, no processo penal, está rigorosamente vinculado às previsões legislativas, razão por que somente poderá decretar medias previstas em lei e nas condições por ela estabelecidas, não se admitindo medidas cautelares atípicas nem recurso à analogia com o processo civil"[24].

As medidas assecuratórias são: sequestro (arts. 125 e 132 do CPP), hipoteca legal (art. 134 do CPP), arresto de bens imóveis (art. 136 do CPP), arresto de bens móveis (art. 137 do CPP) e busca e apreensão (art. 240 do CPP).

## 5.1. Sequestro

O sequestro é a medida assecuratória destinada a efetuar a constrição preventiva dos bens imóveis (art. 125 do CPP) ou móveis (art. 132 do CPP) adquiridos com os proventos da infração penal, ou seja, recai sobre a vantagem indireta decorrente da prática da infração penal, qual seja proveito do crime. O Código Penal prevê, em seu art. 91, II, *b*, como efeito de toda e qualquer condenação criminal, independentemente de menção expressa na sentença condenatória, a perda do produto (vantagem diretamente obtida, por exemplo, a propina recebida) ou proveito (bens adquiridos indiretamente com o produto, por exemplo, um barco adquirido com o dinheiro da propina) do crime. O sequestro cautelar destina-se a evitar que o acusado, aproveitando-se da demora na prestação jurisdicional, dissipe os bens obtidos ilicitamente durante o transcorrer da investigação ou processo criminal e inviabilize seu futuro confisco.

### 5.1.1. Cabimento do sequestro

Pode ser decretado a qualquer momento, durante todo o processo ou antes mesmo do oferecimento da denúncia, desde que a urgência e a necessidade imponham a imposição da medida.

### 5.1.2. Competência para o sequestro

Pode ser decretado pelo juiz de ofício, mediante requerimento do Ministério Público, do ofendido e mediante representação da autoridade policial.

Com as mudanças promovidas pelas Leis n. 12.403/2011 e 13.964/2019, as quais alteraram a redação do art. 282, § 2º, do CPP, não pode mais o juiz decretar de ofício medidas cautelares durante o inquérito policial, assim nem sequestro, nem prisão cautelar, nem qualquer

---

[24] CAPEZ, Rodrigo. *Prisão e medidas cautelares diversas*: a individualização da medida cautelar no processo penal. São Paulo: Quartier Latin, 2017. p. 416-417.

outra medida assecuratória poderá ser decretada *ex officio*, antes do processo criminal.

### 5.1.3. Requisito para a decretação do sequestro

Segundo a Lei de Lavagem de Dinheiro, bastam indícios suficientes da infração penal para a decretação da medida assecuratória. O CPP emprega o termo "indícios veementes", aparentando exigir contexto indiciário mais severo do que o da Lei de Lavagem. Com efeito, a expressão "indícios veementes" significa mais do que indícios suficientes, embora menos do que prova plena, já que nessa fase vigora o princípio do *in dubio pro societate*. Na prática, no entanto, as expressões se equivalem, pois independentemente da expressão "veementes", será sempre necessária a demonstração de indícios concretos capazes de fornecer juízo seguro de probabilidade do risco à eficácia do processo.

### 5.1.4. Procedimento do sequestro

O pedido de sequestro deverá ser autuado em apartado (art. 129 do CPP), determinando o juiz a expedição do referido mandado. O sequestro do imóvel deve ser inscrito no registro de imóveis.

### 5.1.5. Embargos ao sequestro

Quando apresentado pelo próprio investigado ou acusado, será tecnicamente considerado uma contestação, somente configurando embargo quando o sequestro se der sobre bens de terceiro estranho ao delito (embargos de terceiro).

Podem opor embargos ao sequestro: (i) indiciado ou réu; (ii) terceiro de boa-fé; e (iii) terceiro senhor e possuidor.

#### 5.1.5.1. Competência para julgar os embargos

Será do próprio juízo criminal competente para o julgamento da causa, pois o art. 133 do CPP diz que o juiz penal deverá proceder à avaliação e venda dos bens em leilão público, cujo perdimento tenha sido decretado. O julgamento dos embargos só se dará após o trânsito em julgado da sentença condenatória, a fim de evitar decisões contraditórias.

Como não há efeito suspensivo nos embargos, tem-se admitido o cabimento de mandado de segurança, quando o impetrante trouxer a prova da origem dos bens sequestrados, de maneira a justificar a pretensão de transferência para o juízo cível; sem essa prova, o direito líquido e certo não resulta demonstrado. Concedido ou não o sequestro, da decisão caberá apelação. Dessa forma, tendo em vista a hipótese do art. 122 do CPP, não há razão que justifique o deslocamento de competência para o civil.

### 5.1.6. Levantamento do sequestro

O levantamento do sequestro ocorre com a incidência de uma das seguintes hipóteses: (i) se a ação penal não for intentada no prazo de sessenta dias a contar da efetivação da medida. Superado esse prazo, o sequestro será tornado ineficaz, com a liberação dos bens indisponíveis, (ii) se o terceiro, a quem tiverem sido transferidos os bens, prestar caução que assegure a aplicação do disposto no art. 91, II, *b*, segunda parte, do CP; trata-se, nesta hipótese, do terceiro de boa-fé, (iii) se for julgada extinta a punibilidade ou absolvido o réu por sentença transitada em julgado.

A decisão que autoriza o levantamento do sequestro está sujeita à apelação. Por ser uma medida cautelar, o sequestro pode ser revogado ou substituído a qualquer tempo.

### 5.1.7. Leilão e depósito

Tendo havido o sequestro de bens imóveis ou móveis correspondentes ao produto e ao proveito do crime, e transitada em julgado a sentença condenatória, o juiz, de ofício ou a requerimento do interessado, ainda que estranho à ação penal, determinará sua avaliação e venda em leilão público. Descontadas as despesas, o produto que couber ao lesado ou ao terceiro de boa-fé, a ele será entregue, recolhido o saldo, se houver, ao Tesouro Nacional. A competência para tais diligências é do juízo criminal. Não havendo licitante, o bem pode ser adjudicado à vítima. O dispositivo do art. 133, por analogia, aplica-se aos bens apreendidos (art. 133 do CPP).

## 5.2. Hipoteca legal

Hipoteca legal é o direito real de garantia em virtude do qual um bem imóvel, que continua em poder do devedor, assegura ao credor, precipuamente, o pagamento da dívida[25]. A hipoteca legal tem finalidade diversa do sequestro. Aqui não se busca a constrição cautelar de bens identificados como de origem ilícita, mas o patrimônio lícito do infra-

---

[25] GOMES, Orlando. *Direitos reais*. Rio de Janeiro: Forense, [s.d.]. p. 493. n. 298.

tor, visando à futura reparação do dano *ex delicto*. Conforme preceitua o Código Penal, em seu art. 91, I, é efeito automático e genérico de toda e qualquer condenação criminal tornar certa a obrigação de reparar o dano cível resultante da infração penal.

Do mesmo modo, a perda de bens e valores prevista nos arts. 43, II, e 45, § 3º, do CP também diz respeito a bens de origem lícita do condenado, de maneira que a hipoteca legal tem por objeto imóveis que possam garantir uma futura execução civil de cunho indenizatório. A hipoteca legal é prevista também no Código Civil brasileiro em favor do ofendido ou seus herdeiros sobre os imóveis do delinquente necessários para garantir a satisfação do dano causado pelo delito e o pagamento de custas (art. 1.489, III, do CC). Para efetivá-la, a parte fará um requerimento especificando qual a estimativa do valor da responsabilidade civil e os imóveis que deseja ver registrados no Cartório de Registro de Imóveis com esse ônus real. Tal requerimento é chamado de "especialização da hipoteca legal" e está previsto no art. 135 e parágrafos do Código de Processo Penal. Deve ser autuado em apartado para não tumultuar o processo, já que o juiz deverá determinar a avaliação dos imóveis que se quer especificar e o valor provável da futura indenização. Como medida preparatória da especialização da hipoteca legal, o CPP prevê ainda um arresto prévio cautelar, diante da possibilidade de haver demora na especificação dos imóveis e respectiva inscrição no Cartório de Registro de Imóveis (art. 136 do CPP). Trata-se, aqui, de típico arresto, pois visa à generalidade dos bens pertencentes ao patrimônio do acusado. Essa medida cautelar será revogada se, em quinze dias, não for promovida a especialização da hipoteca.

### 5.2.1. Classificação

A hipoteca tratada no Código de Processo Penal é obviamente a hipoteca legal, ou seja, aquela que é instituída por lei, como medida cautelar, para reparação do dano causado pelo crime, em favor de certas pessoas.

### 5.2.2. Cabimento da hipoteca legal

A hipoteca pode ser requerida em qualquer fase do processo.

O requerimento de inscrição da hipoteca, em que a parte deve mencionar o valor da responsabilidade civil e designar e estimar o imóvel ou imóveis que terão de ficar hipotecados, deve ser instruído com as

III. Noções processuais

provas ou indicações de provas em que se funda o pedido, com a relação dos imóveis que o responsável possuir, além dos que tenham sido indicados para a inscrição, com os documentos comprobatórios do domínio. A avaliação do imóvel ou imóveis deve ser feita pelo avaliador judicial ou, na falta deste, pelos peritos nomeados pelo juiz. Após este procedimento, o juiz concede às partes o prazo, que corre em cartório, de dois dias para se manifestarem. O requerente, o réu e o Ministério Público devem ser ouvidos, pois a medida cautelar se destina a garantir o pagamento das sanções penais pecuniárias e das despesas processuais. Não se determinará a inscrição se o réu oferecer caução na forma descrita pelo art. 135 do Código de Processo Penal.

Da decisão que manda inscrever, ou não, a hipoteca legal cabe apelação.

### 5.2.3. Requisitos da hipoteca legal

É necessária, para o requerimento da hipoteca, a coexistência de dois pressupostos:

**(i)** Prova inequívoca da materialidade do crime (fato delituoso).

**(ii)** Indícios suficientes de autoria.

A especialização da hipoteca legal pode ser requerida pelo ofendido, pelo seu representante legal ou pelos seus herdeiros. O Ministério Público também pode requerer, desde que:

**(i)** O ofendido seja pobre e a requeira.

**(ii)** Se houver interesse da Fazenda Pública (art. 142 do CPP).

### 5.2.4. Finalidades da hipoteca legal

A hipoteca legal tem por finalidade:

**(i)** Reparação do dano civil *ex delicto*.

**(ii)** Pagamento de eventuais penas pecuniárias e despesas processuais.

Poderá o réu prestar caução equivalente à responsabilidade civil, despesas processuais e eventuais penas pecuniárias, em dinheiro ou títulos da dívida pública, federal ou estadual (art. 135, § 6º, do CPP).

O juiz pode ou não aceitar a caução.

## 5.2.5. Liquidação da hipoteca legal

Havendo sentença condenatória transitada em julgado, os autos serão encaminhados ao juízo civil.

Se houver sentença absolutória transitada em julgado, proceder-se-á, de acordo com o art. 141 do CPP, ao cancelamento da hipoteca.

## 5.3. Arresto

O arresto também é uma medida cautelar destinada a garantir a futura reparação civil *ex delicto*, podendo recair sobre bens móveis ou imóveis. O arresto de bens imóveis, previsto no art. 136 do CPP, destina-se a garantir a especialização da hipoteca legal, diante da possibilidade de demora na especificação dos imóveis a serem inscritos no Cartório de Registro de Imóveis. Trata-se verdadeiramente de típico arresto, na verdadeira acepção da palavra, pois visa à generalidade dos bens pertencentes ao patrimônio do acusado. Essa medida cautelar será revogada se, em quinze dias, não for promovida a especialização da hipoteca.

O arresto de bens móveis está previsto no art. 137 do CPP e não se confunde com o sequestro previsto nos arts. 125 e 132, porque nestes a medida constritiva recai sobre bens de origem ilícita, os quais serão, ao final, perdidos em favor da União, nos termos do art. 91, II, *b*, do Código Penal. A medida de arresto contemplada no art. 137 do Código de Processo Penal tem por objeto bens móveis de origem lícita, para futura reparação do dano, de acordo com o art. 91, I, do Código Penal ou demais dispositivos que prefixam o valor das perdas e danos (ex.: art. 297 do CTB). Diferencia-se do arresto previsto no art. 136 do Código de Processo Penal, uma vez que, embora este último também vise garantir a futura indenização pelo dano *ex delicto*, seu objeto são bens imóveis, a serem, dentro do prazo subsequente de quinze dias, inscritos em hipoteca legal.

As coisas arrestadas saem do poder do proprietário e são entregues a terceiro estranho à demanda, a quem cabem, consequentemente, o depósito e a administração. Determina-se, porém, que das rendas dos bens móveis deverão ser fornecidos recursos arbitrados pelo juiz para manutenção do indiciado ou réu e de sua família.

### 5.3.1. Cabimento do arresto

Durante a ação penal, nos mesmos termos em que é imposta a hipoteca legal.

## 5.3.2. Requisitos para o arresto

São pressupostos do arresto:

**(i)** Prova da materialidade do crime.

**(ii)** Indícios suficientes de autoria.

Caso os bens arrestados sejam fungíveis e facilmente deterioráveis, manda o art. 137, § 1º, do CPP que sejam eles levados a leilão público, depositando-se o *quantum* apurado.

Os pedidos de inscrição de hipoteca legal e de arresto não suspendem o andamento do processo, devendo ser autuados e processados em separado dos autos da ação penal, ficando em apenso a estes (art. 138 do CPP).

Havendo sentença condenatória transitada em julgado, remetem-se os autos ao juízo civil; se, por sentença irrecorrível, o réu for absolvido ou julgada extinta a punibilidade, levanta-se o arresto, e os objetos são devolvidos ao acusado (CPP, art. 141).

## 5.4. Medidas assecuratórias sobre bens ou valores equivalentes ao produto ou proveito do crime não encontrado ou que se encontrem no exterior (art. 91, § 2º, do CP)

A lei ainda permite outra modalidade de perdimento, qual seja, o de bens e valores que integrem o patrimônio lícito do agente e não constituam nem produto, nem proveito do crime. Tal ocorre quando a vantagem direta (produto) ou indireta (proveito) resultante da prática delituosa estiverem alocados no exterior, fora do alcance das providências cautelares, ou não forem encontrados no Brasil. Neste caso, a apreensão dos bens lícitos até o valor equivalente servirá para garantir a efetividade da medida. Tal previsão encontra-se autorizada pelo art. 91, § 1º, do CP. Nessa linha, o art. 91, § 2º, do CP autoriza o uso das medidas assecuratórias previstas na legislação processual para abranger bens regulares e sem relação com o delito, mas que correspondam ao montante do produto e proveito do crime não localizados, a fim de que possam ser posteriormente confiscados para assegurar a efetividade do processo penal.

Embora disposta no Código Penal, seu caráter processual é inequívoco, sendo perfeitamente aplicável aos crimes de lavagem, a fim de garantir a eficácia de futura sentença condenatória e a reparação do dano.

## 5.5. Medidas assecuratórias sobre excesso patrimonial não justificado (art. 91-A do CP)

O art. 91-A do CP, com a redação dada pela Lei n. 13.964/2019 (Pacote Anticrime), dispõe que, na hipótese de condenação do agente pela prática de crime, cuja pena máxima prevista seja superior a seis anos de reclusão, o juiz poderá decretar a perda de todos os bens que excederem o patrimônio considerado compatível com seus rendimentos lícitos. Assim, esse excesso patrimonial não justificado passa a ser equiparado ao produto ou proveito do crime.

A título de exemplo, um funcionário público que seja condenado por peculato (art. 312 do CP), corrupção passiva (art. 317 do CP) ou concussão (art. 316 do CP), crimes com pena máxima prevista superior a seis anos de reclusão, poderá ter decretada na sentença condenatória a perda de todos os bens que excederem o patrimônio justificável com seus rendimentos lícitos. Esse excesso patrimonial não justificado é considerado produto ou proveito do crime, independentemente da efetiva comprovação do nexo causal. Se há mais patrimônio do que pode ser justificado, presume-se que foi produto ou proveito da prática delituosa. Convém lembrar que produto é a vantagem direta obtida com o crime, ou seja, o dinheiro, bens ou valores pagos ao servidor a título de propina, ao passo que proveito é a vantagem indireta, por exemplo, bens adquiridos com o dinheiro da propina. Para a perda, basta a demonstração da incompatibilidade entre a capacidade financeira e o acréscimo patrimonial do agente. Referida inversão do ônus da prova colide com o princípio do estado de inocência (art. 5º, LVII, da CF), segundo o qual quem acusa deve provar.

Trata-se de mais um efeito extrapenal específico, e não genérico, na medida em que não incide sobre qualquer condenação, nem decorre automaticamente da sentença condenatória, mas, ao contrário, somente se aplica a determinadas condenações, além do que é imprescindível que o juiz expressa e motivadamente declare tal efeito na decisão condenatória. Em respeito ao princípio da inércia jurisdicional, pressuposto lógico da imparcialidade do juízo, tal perdimento não poderá ser imposto *ex officio*, isto é, sem pedido do Ministério Público, o qual, ao oferecer a denúncia, deve requerer expressamente sua aplicação, apontando de maneira clara a existência do excesso patrimonial não justificado (art. 91-A, § 3º).

Os requisitos para o confisco são: (a) crime punido com reclusão; (b) pena máxima abstratamente prevista superior a seis anos; (c) requerimento expresso do perdimento pelo Ministério Público na denúncia, com indicação do excedente não justificável; (d) comprovação da incompatibilidade entre os rendimentos lícitos e o excesso patrimonial cuja perda se requer; (e) declaração expressa e motivada do juiz na sentença condenatória.

Oferecida a denúncia pelo Ministério Público, com o pedido expresso e justificado do perdimento do excesso patrimonial, o acusado será intimado a se manifestar, podendo impugnar o pleito acusatório, apontando a licitude dos bens tidos como incompatíveis (art. 91-A, § 2º). Cabe também embargos de terceiro, nos termos do art. 129 do CPP, na hipótese de os bens pertencerem a outra pessoa, sendo exigida a demonstração de boa-fé.

Após regular instrução processual, o juiz, ao proferir a sentença condenatória, deverá expressa e motivadamente especificar os bens que excedem o patrimônio lícito para, em seguida, na própria sentença decretar seu perdimento (art. 91-A, § 4º).

## 5.6. Busca e apreensão: medida cautelar probatória e assecuratória

A medida cautelar de busca e apreensão é destinada a evitar o desaparecimento das provas. A busca é, lógica e cronologicamente, anterior à apreensão. Pode ser realizada tanto na fase inquisitorial como no decorrer da ação penal, e até mesmo durante a execução da pena. A apreensão é uma consequência da busca quando esta tenha resultado positiva. Para a lei, é meio de prova, de natureza acautelatória e coercitiva; para a doutrina, é medida acautelatória, destinada a impedir o perecimento de coisas e pessoas.

Além de medida cautelar de instrução probatória, a busca e apreensão pode por vezes assumir especial relevância, quando o objeto da constrição, produto ou proveito do crime de lavagem de dinheiro, forem aptos a garantir a eficácia de eventual sentença condenatória e a reparação do dano. Convém notar que a medida de busca, para subsequente apreensão, é decretada com o fito de colher provas necessárias à comprovação da materialidade e autoria delitiva, mas poderá também, acessoriamente, fazer o papel tanto do sequestro (arts. 125 e 132 do CPP) quanto do arresto (arts. 136 e 137 do CPP), conforme o caso.

É o caso, por exemplo, da apreensão de vultosa quantia em dinheiro acondicionada em malas e encontradas em imóvel durante operação de busca domiciliar. No mesmo sentido, o STF já decidiu que "mesmo que considerado desnecessária a apreensão para continuidade das investigações e futura persecução penal, em obediência ao art. 2º da Lei n. 9.613/98, o montante em questão poderá ser utilizado, caso concretizada a culpa, para ressarcimento dos cofres públicos, residindo aí outra razão para manutenção dos valores apreendidos" (STF na Pet n. 7.346/DF,[26] e no AgR na Pet n. 6.395/CE)[27].

### 5.6.1. Cabimento da busca e apreensão

A busca e apreensão é medida excepcional, que só pode ser decretada à luz de indícios suficientes de autoria delituosa, por constituir exceção aos direitos e garantias fundamentais, razão pela qual as hipóteses de decretação estão taxativamente previstas no art. 240 do CPP. Nesse sentido, Rodrigo Capez observa que "as medidas cautelares limitadoras da liberdade reduzem-se a um número fechado de hipóteses, sem espaço para aplicações analógicas ou outras intervenções mais ou menos criativas do juiz, ainda que a pretexto de favorecer o imputado. Trata-se de enumeração exaustiva (*numerus clausus*), e não de uma lista aberta, meramente exemplificativa (*numerus apertus*)"[28].

### 5.6.2. Competência

A diligência poderá ser requerida de ofício ou a pedido de qualquer das partes (art. 242 do CPP).

### 5.6.3. Busca em repartição pública

Há duas posições:

**(i)** *Admite-se*: sempre que possível e indispensável tal diligência, incumbirá à autoridade policial ou judiciária requisitar o objeto da busca e apreensão, comunicando-se antecipadamente com o respectivo ministro ou secretário, ou até mesmo com o chefe de serviço.

**(ii)** *Não se admite*: para os que se filiam a esta posição, vedada é a busca e apreensão a ser procedida pela autoridade policial ou judiciária, através de seus funcionários.

---

[26] Pet n. 7.346/DF 0013322-08.2017.1.00.0000, Rel. Min. Edson Fachin, j. 8-5-2018, 2ª T.
[27] AgR Pet n. 6.395/CE 0063218-54.2016.1.00.0000, Rel. Min. Rosa Weber, j. 2-3-2018, 1ª T.
[28] CAPEZ, Rodrigo. *Prisão e medidas cautelares diversas*: a individualização da medida cautelar no processo penal. São Paulo: Quartier Latin, 2017. p. 420-421.

## 5.6.4. Medidas assecuratórias eventuais: busca domiciliar e pessoal

*5.6.4.1. Busca domiciliar*

A busca domiciliar destina-se ao recolhimento de provas necessárias a respaldar a investigação ou processo criminal e é decretada com essa finalidade. Excepcionalmente, porém, quando houver a apreensão de bens ou valores que importem em produto ou proveito do crime, ou que, mais tarde, sejam mantidos em custódia para fins de reparação do dano *ex delicto*, acabará assumindo também a função de medida assecuratória, tal e qual o sequestro e o arresto cautelar de bens. Será permitida "quando fundadas razões a autorizarem" (art. 240, § 1º, do CPP). A expressão "domicílio" não tem, nem pode ter, o significado a ela atribuído pelo direito civil, não se limitando à residência do indivíduo, ou seja, o local onde o agente se estabelece com ânimo definitivo de moradia (art. 70 do CC), tampouco ao lugar que a pessoa elege para ser o centro de sua vida negocial. A interpretação deve ser a mais ampla e protetiva possível, consoante o disposto no § 4º do art. 150 do Código Penal e o art. 246 do Código de Processo Penal. Domicílio, portanto, para fins de inviolabilidade, será qualquer compartimento habitado, aposento ocupado de habitação coletiva ou qualquer compartimento não aberto ao público, no qual se exerce profissão ou atividade (p. ex., a sala interna do juiz, distinta da sala de audiências, o escritório do advogado, o consultório médico ou dentário ou, simplesmente, atrás do balcão de um bar).

Deve necessariamente tratar-se de um espaço separado e não acessível ao público, podendo ser considerado domicílio tanto o local destinado à moradia quanto ao trabalho, desde que não aberto ao público.

Para a busca domiciliar exige-se mandado judicial toda vez que a autoridade judiciária não a efetuar pessoalmente.

O fundamento de validade encontra-se no art. 5º, XI, da CF, o qual nos fornece as hipóteses em que a garantia individual da inviolabilidade do domicílio cede passo ao interesse público na persecução penal, relativizando-se, assim, a proteção constitucional. Desse modo, o domicílio, em sua ampla acepção, poderá ser adentrado nos seguintes casos, conforme se trate do período diurno ou noturno:

**(i)** *Durante a noite*: com consentimento do titular do direito; em caso de flagrante delito; em caso de desastre; para prestar socorro.

**(ii)** *Durante o dia*: em todos os casos acima mencionados; por determinação judicial.

Fica, pois, vedada constitucionalmente a busca e apreensão domiciliares por autorização de autoridade administrativa, tal como era possível no sistema constitucional anterior.

*5.6.4.2.* Busca pessoal

Busca pessoal é a inspeção feita pela autoridade policial ou seus agentes, diretamente sobre o corpo do suspeito, suas vestes, malas ou sacolas trazidas junto a si, sempre que houver fundada suspeita de que esteja ocultando consigo bens ou valores ilícitos, arma proibida ou qualquer outro objeto de interesse da investigação ou processo criminal. Como dito, é realizada na própria pessoa, incluindo também bolsas, malas e qualquer outro pacote ou receptáculo que esteja com o suspeito. Pode ainda ser realizada em veículos que estejam em sua posse, uma vez que estes não se confundem com domicílio. A busca em mulher deve ser feita por pessoa do mesmo sexo, salvo excepcionalmente quando tal providência importar em retardamento das investigações ou da diligência, hipótese em que deverá ser justificada a busca, sob pena de abuso de autoridade. Deve ser realizada sempre que existir fundada suspeita, bem como de maneira não vexatória, sob pena de configurar abuso de autoridade (Lei n. 13.869/2019, art. 25).

O conceito de fundada suspeita é fluido e difícil de ser fixado prévia e abstratamente, devendo estar calcado na discricionariedade do agente público, à luz das circunstâncias objetivas que motivarem a busca. Tais circunstâncias objetivas serão analisadas posteriormente pelo juiz, dentro de critérios de razoabilidade e bom senso, para aferição de sua correção ou excesso. Não pode, contudo, respaldar-se em mero juízo pessoal, retratado na jurisprudência pela expressão popular "achismo". Nesse sentido, o STJ tem entendido que meras impressões subjetivas ou suspeitas sem amparo na realidade concreta não estão aptas a autorizar a busca e apreensão pessoal: "Não satisfazem a exigência legal, por si sós, meras informações de fonte não identificada (*e.g.*, denúncias anônimas) ou intuições e impressões subjetivas, intangíveis e não demonstráveis de maneira clara e concreta, apoiadas, por exemplo, exclusivamente, no tirocínio policial. Ante a ausência de descrição concreta e precisa, pautada em elementos objetivos, a classificação subjetiva de determinada atitude ou aparência como suspeita, ou de certa reação ou expressão corporal como nervosa, não preenche o *standard* probatório de 'fundada suspeita' exigido pelo art. 244 do CPP"[29].

Situações concretas autorizadoras da busca pessoal podem ser, por exemplo, fuga de bloqueio policial, permanência prolongada e sem razão aparente do agente próximo a colégios ou estabelecimentos comerciais, utilização de vestimenta cobrindo totalmente o rosto em atitude de anormalidade, ou, no caso da lavagem de dinheiro, a abordagem em aeroporto, após a suspeita despertada pelo raio-x, de grande quantidade de ativos junto às vestes ou mala do suspeito. A apreensão normalmente se destina à produção de prova, mas nada impede que assuma eventualmente o caráter de medida assecuratória, quando, por exemplo, o montante apreendido é mantido em custódia para posterior ressarcimento do dano (cf. STF no já citado AgR na Pet n. 6.395/CE).

### 5.7. Decretação de medidas assecuratórias para reparação do dano

A Lei de Lavagem (arts. 4º, *caput,* e 17-A) prevê a aplicação subsidiária das medidas assecuratórias previstas no CPP, seu art. 4º, § 4º, bem como a decretação dessas medidas para reparação do dano tanto da infração penal antecedente quanto do próprio crime de lavagem, e ainda para pagamento de prestação pecuniária, multa e custas. As providências cautelares podem atingir bens de origem lícita ou ilícita, adquiridos antes ou depois da infração penal, bem como de pessoa jurídica ou de familiar não denunciado, sempre que houver confusão patrimonial. Assim tem entendido reiteradamente o STJ[30].

### 5.8. Liberação dos bens

O juiz determinará a liberação total ou parcial dos bens, direitos e valores quando comprovada a licitude de sua origem, mantendo-se, no entanto, a constrição dos bens, direitos e valores necessários e suficientes à reparação dos danos e ao pagamento de prestações pecuniárias, multas e custas decorrentes da infração penal (Lei n. 9.613/98, art. 4º, § 2º). A liberação do bem somente será possível se o acusado comparecer pessoalmente ou enviar interposta pessoa comprovadamente por ele autorizada (cf. art. 4º, § 3º). O art. 4º, § 1º, da Lei de Lavagem não estabelece prazo para a propositura da ação penal sob pena de caducida-

---

[29] RHC n. 158.580/BA, Rel. Min. Rogerio Schietti Cruz, 6ª T., j. 19-4-2022, *DJe* 25-4-2022.
[30] STJ, CE, Inq n. 1.190/DF, Rel. Min. Maria Isabel Gallotti, j. 15-9-2021. Informativo n. 710.

de e admite a alienação antecipada dos bens para preservação do seu valor, sempre que estiverem sujeitos à deterioração ou depreciação, ou houver dificuldade para sua manutenção.

## 5.9. A questão da inversão do ônus da prova

Segundo o art. 4º da Lei de Lavagem, é necessária a demonstração de indícios suficientes de autoria da infração para a imposição de qualquer medida cautelar. O § 2º deste artigo, porém, prevê a liberação dos bens e valores, desde que o requerido comprove sua origem lícita. A questão que se coloca é se a Lei de Lavagem estaria invertendo o ônus da prova, ao exigir que o acusado prove a licitude de seus bens, quando, na verdade, é a acusação que deveria fazê-lo.

Gustavo Badaró entende que "a lei previu a mera possibilidade de concessão de medidas cautelares reais, desde que haja indícios suficientes de proveniência ilícita. O que nada mais é do que um juízo de probabilidade sobre a ilicitude do bem que, como em toda e qualquer medida cautelar, contenta-se com a presença do *fumus boni iuris*, não se exigindo a certeza do *ius*"[31].

A Exposição de Motivos da Lei dispõe, em seus itens 66 e 67, que: "Na orientação do projeto, tais medidas cautelares se justificam para muito além das hipóteses rotineiras já previstas pelo sistema processual em vigor. Sendo assim, além de ampliar o prazo para o início da ação penal, o projeto inverte o ônus da prova relativamente à licitude de bens, direitos ou valores que tenham sido objeto da busca e apreensão ou do sequestro (art. 4º). Essa inversão encontra-se prevista na Convenção de Viena (art. 5º, n. 7) e foi objeto de previsão no direito argentino (art. 25 da Lei n. 23.737/89). 67. Observe-se que essa inversão do ônus da prova circunscreve-se, à apreensão ou ao sequestro dos bens, direitos ou valores. Não se estende ela ao perdimento dos mesmos, que somente se dará com a condenação (art. 7º, I). Na medida em que fosse exigida, para só a apreensão ou o sequestro, a prova da origem ilícita dos bens, direitos ou valores, estariam inviabilizadas as providências, em face da virtual impossibilidade, nessa fase, de tal prova".

---

[31] BADARÓ, Gustavo Henrique; BOTTINI, Pierpaolo Cruz. *Lavagem de dinheiro*: aspectos penais e processuais penais: comentários à Lei n. 9.613/98, com alterações da Lei n. 12.683/2012. 5. ed. São Paulo: Revista dos Tribunais, 2023. p. 413.

Evidentemente, a lei não estabeleceu qualquer inversão do ônus da prova, mas simplesmente repetiu a regra de que cabe a quem alega comprovar a veracidade de sua alegação. À autoridade investigante compete demonstrar a existência de indícios suficientes de que os valores constritos possuem origem ilícita. Não se exige prova plena, bastando a demonstração da sua probabilidade, uma vez que, nesta fase, vigora o princípio *in dubio pro societate*. Feita essa demonstração por parte de quem acusa, não haverá propriamente inversão do ônus da prova, mas tão somente o dever do investigado de demonstrar que os indícios apresentados para justificar a medida não têm sustentação na realidade. É a aplicação normal e rotineira do brocardo de que quem alega deve comprovar sua alegação. Primeiro, o Poder Público teve que comprovar os indícios, sendo que só depois coube ao investigado ônus de quebrar tal demonstração. Nesse sentido, o art. 156, *caput*, do CPP: "A prova da alegação incumbirá a quem a fizer". Assim, demonstrados os indícios de ilicitude dos bens apreendidos pela acusação, cabe ao suspeito o ônus de derrubar a autenticidade desses indícios.

## 5.10. Alienação antecipada

O art. 4º, § 1º, da Lei de Lavagem prevê a possibilidade de alienação antecipada dos bens apreendidos para preservação de seu valor, sempre que estiverem sujeitos à deterioração ou depreciação, ou houver algum tipo de dificuldade para sua manutenção. O requerimento de alienação deverá conter a relação de todos os bens, com a descrição e a especificação de cada um e informações sobre quem os detém e local onde se encontram.

Será decretada pelo juiz, de ofício, a requerimento do Ministério Público ou por solicitação da parte interessada, mediante petição autônoma, que será autuada em apartado e cujos autos terão tramitação em separado em relação ao processo principal (art. 4º-A). O juiz determinará a avaliação dos bens, nos autos apartados, e intimará o Ministério Público. Feita a avaliação e dirimidas eventuais divergências sobre o respectivo laudo, o juiz, por sentença, homologará o valor atribuído aos bens e determinará sejam alienados em leilão ou pregão, preferencialmente eletrônico, por valor não inferior a 75% da avaliação.

Realizado o leilão, a quantia apurada será depositada em conta judicial remunerada. Mediante ordem da autoridade judicial, o valor do depósito, após o trânsito em julgado da sentença proferida na ação penal, será:

**(i)** Em caso de sentença condenatória, nos processos de competência da justiça federal e da justiça do Distrito Federal, incorporado definitivamente ao patrimônio da União, e, nos processos de competência da justiça estadual, incorporado ao patrimônio do Estado respectivo.

**(ii)** Em caso de sentença absolutória extintiva de punibilidade, colocado à disposição do réu pela instituição financeira, acrescido da remuneração da conta judicial.

A instituição financeira depositária manterá controle dos valores depositados ou devolvidos. Sobrevindo o trânsito em julgado de sentença penal condenatória, o juiz decretará, em favor, conforme o caso, da União ou do Estado:

**(i)** A perda dos valores depositados na conta remunerada e da fiança.

**(ii)** A perda dos bens não alienados antecipadamente e daqueles aos quais não foi dada destinação prévia.

**(iii)** A perda dos bens não reclamados no prazo de 90 dias após o trânsito em julgado da sentença condenatória, ressalvado o direito do lesado ou terceiro de boa-fé.

## 5.11. Nomeação de administrador

O art. 5º da Lei de Lavagem de Dinheiro prevê que "quando as circunstâncias o aconselharem, o juiz, ouvido o Ministério Público, nomeará pessoa física ou jurídica qualificada para a administração dos bens, direitos ou valores sujeitos a medidas assecuratórias, mediante termo de compromisso".

Do texto do dispositivo, extrai-se que o juiz não pode proceder à nomeação de ofício, tampouco mediante representação da autoridade policial, pois o requerimento é de exclusividade do Ministério Público.

A redação do dispositivo é imprecisa, uma vez que não elenca as hipóteses de cabimento para nomeação do administrador judicial, limitando-se à expressão "quando as circunstâncias o aconselharem". Do mesmo modo, não estabelece quais os requisitos para a escolha do administrador, dispondo apenas que poderá ser pessoa física ou jurídica.

Com relação às hipóteses de cabimento, Rodolfo Tigre Maia[32] indica que a expressão "quando as circunstâncias o aconselharem" deve ser interpretada no sentido de *quando necessária à melhor guarda, conservação e administração dos bens constritos*. Em contraponto, Gustavo Badaró[33] argumenta que "se há indícios suficientes de que tais bens estão sendo utilizados para a prática de lavagem e, portanto, em algo ilícito, sempre será melhor que sejam administrados nos termos da lei, de modo que nomeação de administrador se tornará regra e não hipótese excepcional". Este último autor ainda defende que, em regra, deve-se seguir o regime do CPP. É a nossa posição.

Com relação aos requisitos para ser administrador, entendemos que o juiz deverá avaliar as peculiaridades de cada caso concreto, levando em conta as características dos bens e valores administrados, para daí extrair as aptidões necessárias ao desempenho da função de administrador. Por exemplo, não é possível conferir a administração de um fundo de investimentos com grande quantia à pessoa leiga em relação ao mercado financeiro.

A lei ainda prevê que o administrador fará jus a uma remuneração, fixada pelo juiz, que será satisfeita com o produto dos bens objeto da administração e prestará, por determinação judicial, informações periódicas da situação dos bens sob sua administração, bem como explicações e detalhamentos sobre investimentos e reinvestimentos realizados (art. 6º, I e II). Os atos relativos à administração dos bens sujeitos a medidas assecuratórias serão levados ao conhecimento do Ministério Público, que requererá o que entender cabível (art. 6º, parágrafo único).

## 5.12. Bens, direitos e valores oriudos de crimes praticados no estrangeiro

Nos termos do art. 8º da Lei de Lavagem de Dinheiro, "o juiz determinará, na hipótese de existência de tratado ou convenção internacional e por solicitação de autoridade estrangeira competente, medidas assecuratórias sobre bens, direitos ou valores oriundos de crimes de lavagem de dinheiro praticados no estrangeiro".

---

[32] MAIA, Rodolfo Tigre. *Lavagem de dinheiro*. 2. ed. São Paulo: Malheiros, 2007. p. 135.

[33] BADARÓ, Gustavo Henrique; BOTTINI, Pierpaolo Cruz. *Lavagem de dinheiro*: aspectos penais e processuais penais: comentários à Lei n. 9.613/98, com alterações da Lei n. 12.683/2012. 5. ed. São Paulo: Revista dos Tribunais, 2023. p. 476.

As medidas assecuratórias também poderão ser decretadas, independentemente de tratado ou convenção, se o governo do país solicitante prometer reciprocidade ao Brasil (Lei de Lavagem, art. 8º, § 1º). Nesse sentido, o STF[34]: "A inexistência de tratado entre o país no qual situada a Justiça rogante e o Brasil não obstaculiza o cumprimento de carta rogatória, implementando-se atos a partir do critério da cooperação internacional no combate ao crime".

De acordo com a lei, na falta de previsão expressa em tratado ou convenção internacional, os bens e valores sujeitos a medidas assecuratórias, bem como os recursos provenientes da sua alienação, serão repartidos entre o Estado solicitante e o Brasil, na proporção de metade, ressalvado o direito do lesado ou terceiro de boa-fé (art. 8º, § 2º).

Cabe ainda a homologação da sentença penal estrangeira que determine o perdimento de imóvel situado no Brasil, quando for produto de lavagem. A Convenção das Nações Unidas contra o Crime Organizado Transnacional (Convenção de Palermo), promulgada pelo Decreto n. 5.015/2004, dispõe que os Estados-partes adotarão, quando seu ordenamento jurídico permitir, as medidas necessárias para possibilitar o confisco do produto das infrações penais que estiverem previstas naquela convenção ou alternativamente, de bens cujo valor corresponda ao desse produto (art. 12, 1, *a*). Para tanto, é necessário que o crime de lavagem de dinheiro esteja tipificado tanto na convenção (art. 6.º) quanto na legislação brasileira (art. 1º da Lei n. 9.613/98). Além disso, nosso CP, em seu art. 9º, autoriza a homologação de sentença penal condenatória estrangeira para obrigar o condenado a reparar o dano. Convém lembrar que nossa legislação prevê a perda em favor da União do produto do crime, ressalvado apenas o direito do lesado ou de terceiro de boa-fé (art. 91, II, *b*, do CP).

A expressa previsão na Lei de Lavagem, bem como em tratados e convenções, afasta o argumento de ofensa à soberania nacional, na hipótese de confisco de imóveis situados no Brasil, mesmo porque, para tanto, será necessária que a sentença condenatória estrangeira reconheça que se trata de produto de crime. Assim, o argumento de que compete com exclusividade à autoridade judiciária brasileira conhecer de ações relativas a imóvel situado no Brasil, de acordo com o previsto no art. 12, § 1º, da LINDB. Com efeito, não se trata de discussão sobre

---

[34] CR-AgR n. 9.854/UK, Rel. Min. Marco Aurélio, *DJ* 27-6-2003.

a situação ou titularidade do imóvel, mas dos efeitos civis de uma condenação criminal. O imóvel não será transferido para a titularidade do país interessado, mas levado a hasta pública, nos termos do art. 133 do CPP[35].

### 5.13. Teses fixadas pelo STJ no tocante à aplicação de medidas assecuratórias no âmbito da Lei de Lavagem de Dinheiro

**(a)** É possível o deferimento de medida assecuratória em desfavor de pessoa jurídica que se beneficia de produtos decorrentes do crime de lavagem, ainda que não integre o polo passivo de investigação ou ação penal. Nesse sentido: AgRg no REsp n. 1.712.934/SP, Rel. Min. Reynaldo Soares da Fonseca, 5ª T., j. 21-2-2019, *DJe* 1-3-2019.

**(b)** Não há óbice à aplicação imediata das medidas assecuratórias previstas no art. 4º da Lei n. 9.613/98 e implementadas pela Lei n. 12.683/2012, por se tratarem de institutos de direito processual à luz do princípio *tempus regit actum*. Nesse sentido: AgRg no REsp 1.712.934/SP, Rel. Min. Reynaldo Soares da Fonseca, 5ª T., j. 21-2-2019, *DJe* 1-3-2019.

**(c)** Indisponibilidade cautelar de bens: possibilidade de alcançar bens de origem lícita ou ilícita, adquiridos antes ou depois da infração penal. Possibilidade também de atingir bens de pessoa jurídica ou de membro da família, desde que demonstrada a confusão patrimonial. Nesse sentido: "As medidas cautelares patrimoniais, previstas nos arts. 125 a 144 do Código de Processo Penal, bem como no art. 4º, § 4º, da Lei n. 9.613/98, destinam-se a garantir, em caso de condenação, tanto a perda do proveito ou produto do crime como o ressarcimento dos danos causados (danos *ex delicto*) e o pagamento de pena de multa, custas processuais e demais obrigações pecuniárias impostas. A medida assecuratória de indisponibilidade de bens prevista no art. 4º, § 4º, da Lei n. 9.613/98 permite a constrição de quaisquer bens, direitos ou valores para reparação do dano decorrente do crime ou para pagamento de prestação pecuniária, pena de multa e custas processuais, sendo desnecessário, pois, verificar se têm origem lícita ou ilícita ou se foram adquiridos antes ou depois da infração penal. Com efeito, a ilicitude dos bens não é condição para que se lhes decrete a indisponibilidade, haja vista,

---

[35] Nesse sentido, STJ, SEC 10.612-FI, Rel. Min. Laurita Vaz, j. 18-5-2016, *DJ* 28-6-2016.

sobretudo, o teor do art. 91, II, *b*, §§ 1º e 2º, do Código Penal, que admitem medidas assecuratórias abrangentes de bens ou valores equivalentes ao produto ou proveito do crime para posterior decretação de perda. Acresça-se que as medidas cautelares patrimoniais constituem instrumento frequentemente necessário para conter as operações de organizações criminosas, sobretudo em crimes como o de lavagem de dinheiro, por meio de sua asfixia econômica e interrupção de suas atividades. Frise-se que a constrição pode atingir o patrimônio de pessoa jurídica e familiares não denunciados, inclusive o cônjuge casado sob o regime de comunhão universal de bens, o que se mostra necessário, adequado e proporcional quando houver confusão patrimonial, de incorporação de bens ao patrimônio da empresa familiar e transferência de outros bens aos familiares. Consoante dispõe o art. 1.667 do Código Civil, no casamento realizado sob regime de comunhão universal de bens, comunicam-se os bens presentes e futuros dos cônjuges e suas dívidas passivas. Não se cogita, no caso, nenhuma das exceções previstas no art. 1.668 do Código Civil, como seria o caso de bens doados ou herdados com a cláusula de incomunicabilidade e os sub-rogados em seu lugar (inciso I)"[36].

---

[36] Inq n. 1.190/DF, Rel. Min. Maria Isabel Gallotti, CE, por unanimidade, j. 15-9-2021.

# IV. Disposições gerais

## 1. APLICAÇÃO SUBSIDIÁRIA DO CÓDIGO DE PROCESSO PENAL

Art. 17-A. Aplicam-se, subsidiariamente, as disposições do Decreto-lei n. 3.689, de 3 de outubro de 1941 (Código de Processo Penal), no que não forem incompatíveis com esta Lei.

Nos termos do art. 17-A, aplicam-se à Lei de Lavagem de Dinheiro, subsidiariamente, as disposições do CPP, no que não lhes forem incompatíveis, admitindo-se em matéria processual o emprego de analogia e interpretação extensiva, além de suplemento pelos princípios gerais do direito (art. 3º do CPP).

## 2. ACESSO AOS DADOS CADASTRAIS DO INVESTIGADO

Art. 17-B. A autoridade policial e o Ministério Público terão acesso, exclusivamente, aos dados cadastrais do investigado que informam qualificação pessoal, filiação e endereço, independentemente de autorização judicial, mantidos pela Justiça Eleitoral, pelas empresas telefônicas, pelas instituições financeiras, pelos provedores de internet e pelas administradoras de cartão de crédito.

Não se trata de quebra do sigilo, bancário, fiscal ou telemático, do investigado, mas de dados concernentes à sua qualificação. Não há que se falar, obviamente, em violação ao sigilo sobre seus dados pessoais, até porque a própria Lei Geral de Proteção de Dados (LGPD, Lei n. 13.709/2018), em seu art. 4º, III, *d*, é expressa ao ressalvar as atividades de investigação e repressão de infrações penais. Desse modo, nesse sentido, a posição do STJ[1].

---

[1] REsp n. 1.716.224/RN, Rel. Min. Napoleão Nunes Maia Filho, 1ª T., j. 3-11-2020, *DJe* 17-11-2020; e REsp n. 1.561.191/SP, Rel. Min. Herman Benjamin, 2ª T., j. 19-4-2018, *DJe* 26-11-2018.

## 3. PRESTAÇÃO DE INFORMAÇÕES FINANCEIRAS E TRIBUTÁRIAS

Art. 17-C. Os encaminhamentos das instituições financeiras e tributárias em resposta às ordens judiciais de quebra ou transferência de sigilo deverão ser, sempre que determinado, em meio informático, e apresentados em arquivos que possibilitem a migração de informações para os autos do processo sem redigitação.

A Lei de Lavagem de Dinheiro, em atenção ao princípio da celeridade processual, estabelece que as informações prestadas à autoridade judicial pelas instituições financeiras e tributárias deverá ocorrer de forma digital.

## 4. AFASTAMENTO DO SERVIDOR PÚBLICO

Art. 17-D. Em caso de indiciamento de servidor público, este será afastado, sem prejuízo de remuneração e demais direitos previstos em lei, até que o juiz competente autorize, em decisão fundamentada, o seu retorno.

Esse dispositivo é claramente inconstitucional, uma vez que o mero indiciamento, sem comprovar a situação de urgência da medida restritiva, e sem demonstrar a necessidade do afastamento para assegurar a eficácia da persecução penal, colide frontalmente com o princípio do devido processo legal. O indiciamento, por si só, não significa risco para o processo, mas apenas a constatação de que estão presentes indícios do envolvimento do servidor público no crime de lavagem de dinheiro. Indícios, por sua vez, são elementos concretos, os quais, por meio de raciocínio indutivo (do particular para o geral), permitem concluir pela possibilidade de que o suspeito, e agora indiciado, tenha concorrido para a infração penal. A providência cautelar de afastamento da função exige comprovação por parte do Ministério Público de que se servidor permanecer no exercício da função, colocará em risco a ordem pública ou econômica, a produção da prova ou frustrará a futura execução da pena. A regra, portanto, afronta vários princípios constitucionais, dentre os quais o estado de não culpabilidade (art. 5º, LVII, da CF), ampla defesa e contraditório (art. 5º, LV, da CF), devido processo legal (art. 5º, LIV, da CF) e proporcionalidade.

A respeito, a ADI n. 4.911, julgada procedente, segundo a qual: "A determinação do afastamento automático do servidor investigado, por consequência única e direta do indiciamento pela autoridade policial,

# IV. Disposições gerais

não se coaduna com o texto constitucional, uma vez que o afastamento do servidor, em caso de necessidade para a investigação ou instrução processual, somente se justifica quando demonstrado nos autos o risco da continuidade do desempenho de suas funções e a medida ser eficaz e proporcional à tutela da investigação e da própria administração pública, circunstâncias a serem apreciadas pelo Poder Judiciário. Reputa-se violado o princípio da proporcionalidade quando não se observar a necessidade concreta da norma para tutelar o bem jurídico a que se destina, já que o afastamento do servidor pode ocorrer a partir de representação da autoridade policial ou do Ministério Público, na forma de medida cautelar diversa da prisão, conforme os arts. 282, § 2º, e 319, VI, ambos do CPP. A presunção de inocência exige que a imposição de medidas coercitivas ou constritivas aos direitos dos acusados, no decorrer de inquérito ou processo penal, seja amparada em requisitos concretos que sustentam a fundamentação da decisão judicial impositiva, não se admitindo efeitos cautelares automáticos ou desprovidos de fundamentação idônea. Sendo o indiciamento ato dispensável para o ajuizamento de ação penal, a norma que determina o afastamento automático de servidores públicos, por força da *opinio delicti* da autoridade policial, quebra a isonomia entre acusados indiciados e não indiciados, ainda que denunciados nas mesmas circunstâncias. Ressalte-se, ainda, a possibilidade de promoção de arquivamento do inquérito policial mesmo nas hipóteses de indiciamento do investigado"[2].

## 5. PRAZO DE ARMAZENAMENTO DOS DADOS FISCAIS DO CONTRIBUINTE

> Art. 17-E. A Secretaria da Receita Federal do Brasil conservará os dados fiscais dos contribuintes pelo prazo mínimo de 5 (cinco) anos, contado a partir do início do exercício seguinte ao da declaração de renda respectiva ou ao do pagamento do tributo.

O dispositivo em questão estipulou o prazo mínimo de 5 anos para a Receita Federal conservar os dados fiscais do contribuinte, mas não estabeleceu o prazo máximo para essa manutenção, do que decorre a necessidade de buscar uma interpretação que atenda à finalidade e objetivos da lei. Tendo em vista que a Lei n. 9.613/98 tem o escopo de im-

---

[2] ADI n. 4.911/DF, Rel. Min. Edson Fachin, j. 23-11-2020, TP, *DJe* 3-12-2020.

por regras sobre a persecução penal de condutas que possam configurar lavagem de dinheiro, cominando penas de até 8 anos de reclusão, pode-se concluir que o prazo máximo de conservação desses dados será de 16 anos, período em que se dará a prescrição da pretensão punitiva desses delitos, nos termos do art. 109, II, do CP c/c art. 1º da Lei n. 9.613/98.

# TERCEIRA PARTE
QUESTÕES POLÊMICAS

## 1. PRINCÍPIO DA CONSUNÇÃO: CORRUPÇÃO PASSIVA E LAVAGEM DE DINHEIRO

A absorção do crime de lavagem de dinheiro pelo delito antecedente, notadamente o de corrupção passiva, está a depender da realização de ações autônomas e destacadas, totalmente independentes do crime anterior. Se as condutas estiverem compreendidas dentro do mesmo contexto fático, ou seja, na mesma linha de desdobramento causal, não há que se falar em delito autônomo de lavagem, mas de *post factum* não punível. Se o sujeito se limita a guardar o dinheiro recebido ou mesmo escondê-lo, sem a realização de nenhum ato posterior tendente a recolocá-lo em circulação com aparência de licitude, não há que se falar em delito de lavagem, estando o comportamento inserido no contexto da destinação natural do produto do crime de corrupção passiva, restando, portanto, por este absorvido por força do princípio da consunção. O crime de lavagem de dinheiro demanda a identificação de "atos posteriores, destinados a recolocar na economia formal a vantagem indevidamente recebida"[1]. Desse modo, ainda que praticado por interposta pessoa, o mero recebimento da vantagem decorrente de crime anterior não é conduta apta a configurar delito autônomo de lavagem de capitais[2].

## 2. POSSE, USO E AQUISIÇÃO DE BENS: ATIPICIDADE

Conforme já analisado em tópico anterior, a Lei de Lavagem exige um elemento subjetivo especial para configuração do crime. Não basta que o agente pratique qualquer conduta de ocultação ou dissimulação, sendo necessário que aja com o intuito de mascarar a origem ilícita do

---

[1] AP n. 470 EI-sextos, Rel. Min. Luiz Fux, Red. p/ Acórdão Min. Roberto Barroso, TP, *DJe* 21-8-2014; AP n. 470 EI-décimos sextos, Rel. Min. Luiz Fux, Rel. p/ Acórdão Min. Roberto Barroso, TP, *DJe* 21-8-2014.
[2] AP n. 470 EI-sextos, Rel. Min. Luiz Fux, Rel. p/ Acórdão Min. Roberto Barroso, TP, j. 13-3-2014.

bem obtido para subsequente reinserção na economia com aparência de licitude. Por essa razão, condutas como a de esconder dinheiro embaixo do colchão ou guardá-lo em baú, por mais que representem modalidades de ocultação, não estão imbuídas do dolo específico inerente à configuração do crime de lavagem, mas exaurimento do delito anterior. Não há uma nova ação destinada a limpar o dinheiro sujo ou a conferir-lhe aparência de legalidade, mas simples disposição do bem ilicitamente incorporado ao patrimônio do agente. Nessa linha, o STJ[3] já procedeu ao trancamento de ação penal sob o argumento de que "o crime de lavagem de capitais exige escondimento do dinheiro ilícito, por ocultação ou dissimulação. Necessário é que se possa com a manobra de lavagem distanciar, dissociar o dinheiro de sua origem".

Quando se pratica uma empreitada criminosa, da qual decorrerá um produto ou proveito econômico, é de se esperar que o agente venha a guardar ou dispor desses valores. Quem furta uma carteira com dinheiro pretende gastá-lo, quem aplica um estelionato persegue algum proveito econômico posterior. Em todos esses casos, a fruição do produto do crime antecedente não passa de uma destinação normal dada pelo agente, ou seja, mero exaurimento do crime anterior.

Punir como lavagem de dinheiro tais condutas implicaria inaceitável *bis in idem*, já que o exaurimento está inserido no contexto do delito já cometido. É seu esgotamento natural. O bem jurídico tutelado pelo tipo penal da lavagem de dinheiro não se confunde com o do crime antecedente, podendo ser tanto a administração da justiça quanto a ordem econômica, a depender do caso. Quando o agente passa a agir como se fosse o legítimo possuidor dos valores, tal comportamento, por si só, não configura a lavagem de dinheiro, sendo necessário que atue para branquear o dinheiro sujo, de modo a produzir uma imagem de normalidade de seu patrimônio. Assim, sua configuração exige a realização de uma nova conduta criminosa, distinta da prática delituosa anterior e dela destacada, por meio da qual o agente dificulta a ação da justiça, mediante expediente dissimulador ou por ocultação. Dispor simplesmente do produto do crime ou guardá-lo como se fosse seu nada mais é do que lhe dar normal destinação, dentro da linha de desdobramento causal previsível e esperada. É precisamente neste ponto que reside a diferença entre lavagem de dinheiro e exaurimento. Outrossim,

---

[3] RHC n. 79.537/SP 2016/0325719-7, Rel. Min. Nefi Cordeiro, j. 12-12-2017, 6ª T., *DJe* 19-12-2017.

nas hipóteses em que não há exaurimento, necessário distinguir-se a lavagem de dinheiro do favorecimento pessoal (art. 349 do CP), cuja pena privativa de liberdade é bem menor, detenção de 6 meses a 1 ano, justamente porque aqui não há ação destinada à reinserção do produto do crime no mercado com aparência de normalidade.

O que configura, portanto, a lavagem de dinheiro não é a normal disposição do produto ou proveito obtido, mas o dolo de mascarar, disfarçar, maquiar, limpar a origem ilícita do produto do crime para lhe conferir aparência de capital lícito.

Nesse sentido, para o STF[4] "a lavagem de dinheiro é entendida como a prática de conversão dos proveitos do delito em bens que não podem ser rastreados pela sua origem criminosa. A dissimulação ou ocultação da natureza, origem, localização, disposição, movimentação ou propriedade dos proveitos criminosos desafia censura penal autônoma, para além daquele incidente sobre o delito antecedente". E, ainda, "a lavagem de dinheiro constitui crime autônomo em relação aos crimes antecedentes, e não mero exaurimento do crime anterior. A lei de lavagem de dinheiro (Lei n. 9.613/98), ao prever a conduta delituosa descrita no seu art. 1º, teve entre suas finalidades o objetivo de impedir que se obtivesse proveito a partir de recursos oriundos de crimes, como, no caso concreto, os crimes contra a administração pública e o sistema financeiro nacional"[5].

Diante disso, a posse, o uso, o recebimento ou a aquisição de bens em nome próprio são fatos atípicos sob o prisma da Lei n. 9.613/98. Não comete crime o agente que utiliza o dinheiro do furto para pagar suas contas ou que financia a casa própria com dinheiro de propina. Também não responde por lavagem o agente que enterra o dinheiro no jardim de casa ou o guarda em depósito, a fim de gastá-lo posteriormente.

Outro não é o entendimento do STJ[6], segundo o qual "insistindo ocultação ou dissimulação sobre natureza, origem, localização, disposição, movimento ou propriedade do produto derivado de crime contra o sistema financeiro nacional, é possível a caracterização de simples exaurimento desse crime ou até mesmo receptação ou favorecimento real, delitos previstos no Código Penal e merecendo apuração em sede pró-

---

[4] Inq n. 3.995/DF 0000065-81.2015.1.00.0000, Rel. Min. Celso de Mello, j. 11-10-2018, *DJe* 17-10-2018.

[5] Ap n. 470/MG, Rel. Min. Joaquim Barbosa, j. 7-12-2012, publ. 22-4-2013.

[6] REsp n. 1.338.019/CE 2012/0168786-0, Rel. Min. Nefi Cordeiro, *DJ* 10-6-2016.

pria, inexistindo, a rigor, lavagem de dinheiro, sob pena de desatenção ao princípio da legalidade estrita (CF, art. 5º, XXXIX, e CP, art. 1º). A previsão legal expressa não permite questionar a conclusão recorrida de que o simples uso ou movimentação de valores oriundos do crime não configuram lavagem de dinheiro, que exige o fim de camuflagem, em lei indicado como ocultação ou dissimulação".

Corroborando todo o exposto, o STF[7] entende que "o recebimento dos recursos por via dissimulada, como o depósito em contas de terceiros, não configura a lavagem de dinheiro. Seria necessário ato subsequente, destinado à ocultação, dissimulação ou reintegração dos recursos".

No campo da doutrina, há quem faça ressalvas à atipicidade no uso do produto ilícito para investimento na reiteração criminosa, como no caso de utilização do dinheiro proveniente de organização criminosa para o custeio da graduação de seus integrantes no curso de direito, os quais posteriormente atuarão na defesa de seus interesses.

Maria Gutierrez Rodrigues[8] indica que a jurisprudência espanhola caminha no sentido da tipificação da lavagem de dinheiro nesses casos. Pierpaolo Cruz Bottini[9] rechaça a possibilidade, sob o argumento de que "tal ato se limita a transformar os recursos ilícitos em instrumentos do novo crime. O agente não confere, nem visa conferir aparência de legalidade aos valores, ao contrário, volta a inseri-los no contexto de criminalidade".

Neste caso, parece mais correta a posição de que não existe ação de lavagem, mas mero gasto do dinheiro sujo, ainda que com a finalidade de produzir futuros malefícios por meio de novos crimes. Mesmo revestida de maior perniciosidade social, a ação se esgota no dispêndio dos valores ilícitos, como mero exaurimento.

Outro exemplo interessante refere-se à declaração de valores obtidos de forma ilícita no imposto de renda. Nesse caso, entendemos pela tipicidade da conduta, pois a declaração de patrimônio ilícito no impos-

---

[7] AP n. 644/MT 9954524-88.2011.1.00.0000, Rel. Min. Gilmar Mendes, 2ª T., j. 27-2-2018.

[8] RODRÍGUEZ, Maria Gutiérrez. Acelerar primero para frenar después: la búsqueda de criterios restrictivos en la interpretación del delito de blanqueo de capitales. *Revista General de Derecho Penal*, n. 24, p. 9, 2015.

[9] BADARÓ, Gustavo Henrique; BOTTINI, Pierpaolo Cruz. *Lavagem de dinheiro*: aspectos penais e processuais penais: comentários à Lei n. 9.613/98, com alterações da Lei n. 12.683/2012. 5. ed. São Paulo: Revista dos Tribunais, 2023. p. 126.

to de renda caracteriza dissimulação, pois o agente pretende simular que auferiu o patrimônio de forma lícita. Ou seja, está presente a conduta de dissimulação somada ao elemento subjetivo específico de distanciar o bem de sua origem ilícita. Na mesma linha, o STF: "demonstrada a incompatibilidade entre os rendimentos auferidos pelo denunciado, as quantias movimentadas em suas contas-correntes e os valores em espécie declarados à Receita Federal, o que caracteriza a formação dolosa de patrimônio lícito inexistente, conduta que perfeitamente amolda-se ao delito previsto no art. 1º, *caput*, da Lei n. 9.613/98".

## 3. LAVAGEM DE DINHEIRO NAS DOAÇÕES ELEITORAIS

A corrupção passiva (art. 317 do CP) tem sido identificada com frequência como crime antecedente da lavagem de dinheiro na atualidade. O agente público corrupto, com o objetivo de mascarar a origem ilícita dos valores obtidos em razão da mercancia de sua função pública, utiliza-se de artifícios diversos para a reinserção do produto do crime na economia formal. Um desses artifícios pode ser encontrado através da contabilização do valor ilícito como doação em campanha eleitoral.

Suponha-se o caso de um deputado que promete a aprovação de determinado projeto de lei favorável aos interesses de uma empreiteira, se eleito for, caso ela lhe faça uma doação volumosa à sua campanha eleitoral. Ou o prefeito que, após ter interferido em resultado de licitação, solicita que a propina seja dada em forma de doação eleitoral para sua eleição. Discute-se se haverá concurso formal entre a corrupção passiva e a lavagem de dinheiro ou se a corrupção absorve a lavagem.

É possível encontrar na jurisprudência do STF posicionamento em ambos os sentidos. No bojo do INQ n. 4.141/DF, embora reconhecendo que o recebimento indireto de vantagem indevida não configura necessariamente o crime de lavagem de dinheiro, por consistir ação nuclear do crime de corrupção passiva, a Suprema Corte entendeu que o fato de a vantagem indevida ser recebida por meio de doações eleitorais com a sua apresentação na Prestação de Contas Eleitoral como de origem lícita configura estratégia para conferir aparência de licitude ao dinheiro proveniente de infração penal[10]. Ao proferir voto no INQ n. 3.982/DF, o Min. Celso de Mello assentou que "a prestação de contas à Justiça Eleitoral pode constituir meio instrumental viabilizador do

---

[10] Inq n. 4.141/DF 0007184-93.2015.1.00.0000, Rel. Min. Roberto Barroso, j. 12-12-2017.

crime de lavagem de dinheiro se os recursos financeiros doados oficialmente a determinado candidato ou a certo partido político tiverem origem criminosa, resultante da prática de outro ilícito penal, a denominada infração penal antecedente, como os crimes contra a Administração Pública, pois, configurado esse contexto, que traduz engenhosa estratégia de lavagem de dinheiro, a prestação de contas atuará como típico expediente de ocultação ou de dissimulação da natureza delituosa das quantias doadas em caráter oficial oriundas da prática do crime de corrupção"[11].

Na AP n. 966/DF, os ministros Edson Fachin e Celso de Mello manifestaram entendimento segundo o qual "a doação eleitoral oficial, quando comprovadamente destituída da gratuidade que a qualifica, configura não só o delito de corrupção passiva, mas também o de lavagem de capitais, pois materializa a ação de ocultar ou dissimular a natureza, origem, localização, disposição, movimentação ou propriedade de bens, direitos ou valores provenientes, direta ou indiretamente, de infração penal"[12].

Em sentido contrário, o Min. Gilmar Mendes, em voto proferido no INQ n. 3.982[13], asseverou que "fica esclarecido que a narrativa é de que a doação declarada foi, ao mesmo tempo, a forma de alcançar a propina e lavar os recursos. A jurisprudência do Pleno do Tribunal firmou-se no sentido de que a lavagem de dinheiro precisa ser posterior ao pagamento da vantagem indevida (AP n. 470, Sextos Embargos Infringentes, Rel. Min. Luiz Fux, Redator para acórdão Min. Roberto Barroso, j. 13-3-2014)". Na mesma oportunidade, o Min. Dias Toffoli: "A doação eleitoral, no tocante ao Senador, teria sido tão somente o meio adotado para o pagamento da vantagem indevida por ele solicitada. Nesse diapasão, não vislumbro, da parte do parlamentar e de seus assessores, uma conduta autônoma que caracterizasse o delito de autolavagem e que pudesse justificar o reconhecimento do concurso de crimes com a corrupção passiva (...) A lavagem de dinheiro, portanto, é um processo ulterior à percepção da vantagem indevida, com a finalidade de reintegrá-la na economia formal sob aparência lícita, e não a ela antecedente ou concomitante".

---

[11] Inq n. 3.982/DF, Rel. Min. Edson Fachin, j. 7-3-2017.
[12] AP n. 996/DF, Rel. Min. Edson Fachin, j. 29-5-2018. *Vide* Informativo n. 904 do STF.
[13] Inq n. 3.982/DF, Rel. Min. Edson Fachin, j. 7-3-2017.

Pierpaolo Cruz Bottini[14] entende não ser possível o concurso de crimes em nenhuma hipótese, ante a inexistência do elemento objetivo do tipo, consistente na ocultação do bem ou de suas características e propriedades. Para o autor, se a contrapartida negociada na corrupção for a própria doação eleitoral, não existe mascaramento. Poderá configurar a lavagem, no entanto, caso a doação seja feita por interposta pessoa ou se os valores não foram usados na campanha eleitoral, mas dissimulados como gastos para depois retornarem ao candidato.

Entendemos incabível a alegação de que houve ocultação ou dissimulação dos valores recebidos, uma vez que estes foram declarados expressamente na prestação de contas da campanha eleitoral do candidato. O fundamento para a incriminação da conduta de lavagem é a imposição de maior grau de dificuldade para a localização dos ativos submetidos à operação de branqueamento, o que não ocorre, diante da óbvia explicitação dos valores, com a consequente publicidade, inclusive mediante acesso de qualquer cidadão ao sítio da Justiça Eleitoral.

## 4. O CASO DO ADVOGADO E O SIGILO PROFISSIONAL

Conforme já visto em tópico anterior, a Lei n. 9.613/98 estabelece o dever de cooperação de agentes que atuem na área privada, em setores sensíveis à lavagem dinheiro com o Poder Público, ao estabelecer o dever de armazenamento de dados e comunicação de atividades suspeitas (arts. 10 e 11).

O art. 9º da referida lei estabelece taxativamente quais são as atividades submetidas aos deveres elencados nos arts. 10 e 11, com destaque ao inciso XIV: "[sujeitam-se ao dever de colaboração] as pessoas físicas ou jurídicas que prestem, mesmo que eventualmente, *serviços de assessoria, consultoria, contadoria, auditoria, aconselhamento ou assistência, de qualquer natureza*". Ao tratar de serviços de assessoria, consultoria ou aconselhamento, o dispositivo pretende também alcançar o exercício da advocacia.

No âmbito internacional, os diplomas normativos, ao dispor sobre os deveres dos agentes privados coobrigados no combate às práticas de branqueamento de capitais, tratam de forma específica a advocacia. A

---

[14] BADARÓ, Gustavo Henrique; BOTTINI, Pierpaolo Cruz. *Lavagem de dinheiro:* aspectos penais e processuais penais: comentários à Lei n. 9.613/98, com alterações da Lei n. 12.683/2012. 5. ed. São Paulo: Revista dos Tribunais, 2023. p. 158-159 e 174-176.

Diretiva n. 2015/849 do Parlamento Europeu e do Conselho da União Europeia, em seu art. 14, exclui de forma expressa a obrigação de colaboração dos profissionais que atuem na defesa ou representação em processos jurídicos: "Os Estados-membros isentam da aplicação do primeiro parágrafo os notários, outros membros de profissões jurídicas independentes, os auditores e revisores oficiais de contas, técnicos de contas externos e consultores fiscais, apenas na estrita medida em que essas pessoas estejam a apreciar a situação jurídica do cliente ou a defender ou representar esse cliente em processos judiciais ou a respeito de processos judiciais, mesmo quando se trate de prestar conselhos quanto à forma de instaurar ou evitar tais processos"[15].

O Grupo de Ação Financeira Internacional (GAFI)[16], na Nota Interpretativa da Recomendação n. 23, estabelece que: "Não será exigido que advogados, tabeliães, outras profissões jurídicas independentes e contadores, quando atuarem como profissionais legais independentes, comuniquem transações suspeitas se as informações relevantes tiverem sido obtidas em circunstâncias em que estiverem sujeitos a segredo profissional ou privilégio profissional de natureza legal"[17].

O Tribunal Europeu de Direitos Humanos (TEDH) decidiu que os advogados têm obrigação de reportar quando, no curso de seu trabalho, realizam em nome e por conta de seu cliente uma transação financeira ou de bens, ou participam no assessoramento a seus clientes na preparação ou execução de certos tipos de operações (compra e venda de bens imóveis ou ativos da empresa, gestão de fundos, valores ou outros ativos pertencentes ao cliente, abertura de contas bancárias, de poupança ou valores, organizando os investimentos necessários para a criação de empresas e a criação ou administração de fideicomissos regidos por normativa estrangeira ou similar). Não estão sujeitos à obrigação de comunicação quando exercerem uma atividade de assessoramento jurídico ou quando a sua atividade está relacionada com os procedimentos jurisdicionais da defesa do cliente[18].

---

[15] Disponível em: diretiva2015n849ue.pdf (bportugal.pt).

[16] Órgão intergovernamental criado em 1989 durante a reunião do G7, grupo dos 7 países mais ricos do mundo, para proteção do sistema financeiro e da economia em geral contra ameaças de lavagem de dinheiro e financiamento do terrorismo.

[17] Disponível em: as-recomendacoes-do-gafi-livro.pdf (www.gov.br).

[18] BLANCO CORDERO, Isidoro. Secreto profesional del abogado y prevención del blanqueo de capitales. *ADPE*, n. 3, p. 263, 2015.

No Brasil, o Estatuto da OAB (Lei n. 8.906/94) garante ao advogado o sigilo profissional ao dispor que o advogado pode "recusar-se a depor como testemunha em processo no qual funcionou ou deva funcionar, ou sobre fato relacionado com pessoa de quem seja ou foi advogado, mesmo quando autorizado ou solicitado pelo constituinte, bem como sobre fato que constitua sigilo profissional" (art. 7º, XIX). Neste ponto, surge o debate envolvendo o dever de cooperação por parte do advogado. De um lado, a Lei de Lavagem de Dinheiro estabelece o dever de cooperação com o Poder Público àqueles que desempenham atividade de assessoria, consultoria ou aconselhamento. De outro, o Estatuto da OAB garante ao advogado a prerrogativa do sigilo profissional, possibilitando sua recusa para depor sobre fatos dos quais tenha tomado conhecimento em razão do exercício da advocacia.

Entendemos que o conflito deve ser solucionado pelo princípio da especialidade com a prevalência das disposições do Estatuto da OAB sobre o dever de colaboração. O exercício da advocacia e o direito à ampla defesa pressupõem um vínculo de confiança entre o advogado e seu cliente, pois o detalhamento dos fatos proporciona ao advogado a elaboração da melhor defesa. Se assim não o fosse, haveria grande prejuízo ao desempenho da função. O agente que praticou lavagem de dinheiro jamais exporia os fatos com transparência ao seu advogado se soubesse que suas confidências poderiam ser usadas contra si. Haveria clara violação ao princípio de vedação à autoincriminação (art. 5º, LXIII, da CF).

Situação diversa é a do advogado que, ao tomar conhecimento das práticas de lavagem, em vez de assessorá-lo juridicamente, procurando a melhor tese defensiva diante dos fatos a ele revelados, opta por se associar à empreitada criminosa, ajudando-o a lavar os ativos ilícitos, fazendo de seu escritório um instrumento para os atos de ocultação ou dissimulação do dinheiro sujo. Nesse caso, não há que se falar em exercício da advocacia, mas efetiva participação na ação delituosa de lavagem, fazendo com que o fato passe a estar tipificado como crime de lavagem de dinheiro, sem isenção da responsabilidade do advogado, já que o sigilo profissional é garantia ao bom desempenho da advocacia, e não para acobertar práticas criminosas. Nesse sentido, também o STJ: "A inviolabilidade prevista no art. 7º, II, da Lei n. 8.906 /94 não se presta para afastar da persecução penal a prática de delitos pessoais pelos advogados. Trata-se de garantia voltada ao exercício da advocacia e protege o *munus* constitucional exercido pelo profissional em relação a seus clientes, criminosos ou não, mas que não devem servir de blindagem para a prática de crimes pelo próprio advogado, em concurso ou não com seus supostos clientes"[19].

Além disso, cabe relembrar que a própria Lei de Lavagem de Dinheiro responsabiliza penalmente aquele que participa de grupo, associação ou escritório tendo conhecimento de que sua atividade principal ou secundária é dirigida à prática de crimes de lavagem (art. 1º, § 2º, II). Do mesmo modo, a regra geral do concurso de agentes do art. 29, *caput*, do CP: "Quem de qualquer modo concorre para um crime, incide nas penas a ele cominadas, na medida de sua culpabilidade".

Na mesma linha, André Callegari observa que "o advogado não tem plena isenção de reportar e quando se transforma num partícipe das atividades delitivas de seu cliente pode responder pelos dispositivos da Lei de Lavagem (art. 1º, § 2º, II, da Lei n. 9.613/98)"[20]. Blanco Cordero conclui: "Se o advogado sabe com certeza de que o cliente solicita assessoramento para cometer um delito de lavagem de dinheiro tem o dever de comunicar. O contrário, isto é, não comunicar e, ademais, assessorar para fazê-lo, suporia que o advogado está implicado na atividade de lavagem, é um advogado criminoso e pode ser perseguido penalmente (se bem já não estaria obrigado a autoincriminar-se)"[21]. Clara, portanto, a distinção entre defender juridicamente o acusado por crime de lavagem e ajudá-lo a cometer o delito.

Com relação aos honorários pagos ao advogado pela prestação de seus serviços de advocacia possuírem origem ilícita, o mero recebimento configura fato atípico. Tampouco há o dever de comunicação às autoridades se o advogado se limitou a receber a quantia como pagamento por sua atuação, limitada ao estrito exercício da defesa processual.

---

[19] APn n. 940/DF, Rel. Min. Og Fernandes, j. 6-5-2020, CE, *DJ* 13-5-2020.
[20] André Callegari. Sigilo do advogado e lavagem de dinheiro. *ConJur*. Disponível em: conjur.com.br. Acesso em: 23 jun. 2023.
[21] BLANCO CORDERO, Isidoro. Secreto profesional del abogado y prevención del blanqueo de capitales. *ADPE*, n. 3, p. 268, 2015.

# QUARTA PARTE
# COMPILADO DE JURISPRUDÊNCIA

## 1. INTRODUÇÃO

Dedicaremos esta parte do livro à apresentação de temas relacionados à Lei de Lavagem de Dinheiro, já julgados pelo STJ e STF, os quais, devido a sua reiteração e importância, viraram tese nesses tribunais superiores.

## 2. SUPERIOR TRIBUNAL DE JUSTIÇA

### 2.1. Conexão: é facultativa a reunião de processos por crime de lavagem e o delito antecedente, de acordo com o interesse da persecução penal

Nas hipóteses de crimes de lavagem de capitais e infrações que os antecedem, cabe ao juízo competente para apreciar os crimes de lavagem de dinheiro decidir a respeito da união dos processos (art. 2º, II, do referido diploma legal), examinando caso a caso, com objetivo de otimizar a entrega da prestação jurisdicional. É fundada a motivação em não reunir os processos, dado o excessivo número de acusados e as fases processuais diferentes em que se encontram os processos a serem reunidos. *É correta a não reunião* dos feitos em uma única ação sob o fundamento da complexidade da instru*ção,* a quantidade de increpados, o interesse na celeridade processual e a existência de vários réus presos[1].

### 2.2. O crime anterior de corrupção passiva não absorve a subsequente lavagem de dinheiro praticada pelo mesmo autor

Embora o tipo penal da corrupção passiva (art. 317 do CP) preveja a hipótese de recebimento indireto de vantagem indireta, que permite ao agente conferir-lhe aparência de *legalidade,* ainda assim o agente deve responder também pelo crime de lavagem de dinheiro. Na autola-

---

[1] RHC n. 157.077/SP 2021/0366723-4, Rel. Min. Ribeiro Dantas, *DJ* 7-4-2022.

vagem (*self laundering*), o autor do crime antecedente, já de posse do produto do crime, não se limita à sua utilização, mas resolve empreender nova conduta com o fim de lhe imprimir aparência de *licitude*. Nessa hipótese, estará também configurado o crime de lavagem de *capitais*, o qual não restará absorvido pela corrupção passiva antecedente[2].

## 2.3. Indisponibilidade cautelar de bens pode alcançar bens de origem lícita ou ilícita, adquiridos antes ou depois da infração penal

A Lei de Lavagem de Dinheiro possibilita a constrição cautelar de bens de origem ilícita, lícita, de pessoa jurídica e até de membro da família do agente, desde que demonstrada a confusão patrimonial. As medidas cautelares patrimoniais, previstas nos arts. 125 a 144 do CPP, e art. 4º, § 4º, da Lei n. 9.613/98, destinam-se a garantir a perda do produto e proveito do crime, o ressarcimento do dano civil *ex delicto* e o pagamento de *pena* de *multa, custas processuais e demais obrigações pecuniárias impostas*. Não há necessidade de verificar a origem lícita ou ilícita dos bens, nem se foram adquiridos antes ou depois da infração penal (cf. art. 91, II, *b*, §§ 1º e 2º, do CP). A indisponibilidade pode atingir o patrimônio até de familiares não denunciados, inclusive o cônjuge casado sob o regime de *comunhão universal* de *bens*, sempre que demonstrada confusão patrimonial e transferência de *outros bens aos familiares*. Consoante dispõe o art. 1.667 do Código Civil, no casamento realizado sob regime de *comunhão universal* de *bens, comunicam-se os bens presentes e futuros dos cônjuges* e suas dívidas passivas[3].

## 2.4. Compete à justiça estadual o julgamento de pirâmide financeira quando não há evasão de divisas ou ofensa a interesses da União

Nesse sentido, o CC n. 170.392-SP: "A Terceira Seção do STJ já se pronunciou no sentido de que a captação de recursos decorrente de pirâmide financeira não se enquadra no conceito de atividade financeira, razão pela qual o deslocamento do feito para a justiça federal se justifica apenas se demonstrada a prática de evasão de divisas ou de lavagem de dinheiro em detrimento de bens e serviços ou interesse da União. O en-

---

[2] APn n. 989/DF, Rel. Min. Nancy Andrighi, CE, por unanimidade, j. 16-2-2022, *DJe* 22-2-2022.

[3] Inq n. 1.190/DF, Rel. Min. Maria Isabel Gallotti, CE, por unanimidade, j. 15-9-2021.

tendimento da Terceira Seção harmoniza-se com julgados da Quinta e da Sexta Turmas do STJ. Não se trata de crime contra o Sistema Financeiro Nacional, mas contra a economia popular, a chamada pirâmide mediante investimentos em criptomoedas (*bitcoin*), devendo, portanto, incidir a Súmula 498/STF, fixa a competência da justiça estadual"[4].

## 2.5. Não obrigatoriedade da descrição detalhada do crime antecedente na denúncia de lavagem de dinheiro

Anteriormente à Lei n. 12.683/2012, o crime antecedente à lavagem de dinheiro constava de um rol taxativo previsto no art. 1º da Lei de Lavagem. Atualmente, essa exigência desapareceu. Sendo a denúncia por fato anterior à Lei n. 12.683/2012, será imprescindível ater-se a crimes antecedentes definidos no rol taxativo. De todo modo, a denúncia por crime de lavagem de dinheiro dispensa a descrição detalhada do delito antecedente e prova concreta de sua ocorrência, sendo suficientes elementos indiciários que apontem a probabilidade de seu cometimento. Nesse sentido: STJ, na APn n. 923/DF, HC n. 276.245/MG, 5ª T., *DJe* 20-6-2017; e STF, HC n. 93.368/PR, 1ª T., *DJe* 25-8-2011[5].

## 2.6. Cabimento de apelação (art. 593, II, do CPP) para liberação parcial ou total dos bens bloqueados (Lei de Lavagem, art. 4º, §§ 2º e 3º)

A apelação (art. 593, II, do CPP) é o recurso cabível contra a constrição de bens e valores decorrente do deferimento de medida assecuratória cautelar, sendo possível também postular diretamente ao juízo de primeiro grau a liberação total ou parcial do bloqueio (Lei de Lavagem de Dinheiro, art. 4º, §§ 2º e 3º). Nesse sentido, REsp n. 1.585.781/RS: "Quanto aos meios de defesa contra o sequestro ou arresto de bens, a jurisprudência do STJ (REsp n. 258.167/MA, 5ª T., *DJe* 10-6-2002; e AgRg no RMS n. 45.707-PR, 5ª T., *DJe* 15-5-2015) e do STF (RE n. 106.738/MT, 1ª T., *DJ* 1º-8-1986) afirma ser o recurso de apelação previsto no art. 593, II, do CPP a via de impugnação idônea. Se o CPP prevê a apelação como recurso cabível para as cautelares patrimoniais em ge-

---

[4] CC n. 170.392/SP, Rel. Min. Joel Ilan Paciornik, 3ª S., por unanimidade, j. 10-6-2020, *DJ* 16-6-2020.
[5] Rel. Min. Nancy Andrighi, CE, por unanimidade, j. 23-9-2019, *DJe* 26-9-2019.

ral, como o sequestro e o arresto, não há razão idônea não admitir o mesmo recurso no âmbito específico da Lei de Lavagem de Dinheiro"[6].

## 2.7. Impossibilidade de continuidade delitiva entre os crimes contra o sistema financeiro nacional e lavagem de dinheiro

O crime continuado é aquele no qual o agente, mediante mais de uma ação ou omissão, pratica dois ou mais crimes da mesma espécie, os quais, pelas semelhantes condições de tempo, lugar, modo de execução e outras, podem ser tidos uns como continuação dos outros. A impossibilidade de continuidade delitiva entre os crimes contra o sistema financeiro nacional e a lavagem de dinheiro ocorre por se tratar de crimes de espécies distintas. Nesse sentido, STJ, REsp n. 1.405.989/SP: "Há continuidade delitiva, a teor do art. 71 do CP, quando o agente, mediante mais de uma ação ou omissão, pratica crimes da mesma espécie e, em razão das condições de tempo, lugar, maneira de execução e outras semelhantes, devam os delitos seguintes ser havidos como continuação do primeiro. Assim, não incide a regra do crime continuado na hipótese, pois os crimes descritos nos arts. 6º da Lei n. 7.492/86 e 1º da Lei n. 9.613/98 não são da mesma espécie"[7].

## 2.8. A realização de empréstimos pessoais de forma reiterada pode configurar lavagem de dinheiro

A realização por período prolongado de sucessivos contratos de empréstimo pessoal para justificar ingressos patrimoniais como se renda fossem, sem que se esclareça a forma e fonte de pagamento das parcelas, acrescidas de juros, e sem que isso represente, em nenhum momento, uma correspondente redução do padrão de vida do devedor, configura em tese ato de dissimulação da origem ilícita de valores, elemento constituinte do delito de lavagem de dinheiro. APn 940/DF: "Empréstimos precisam ser pagos, acrescidos de juros. Ao tomar tantos empréstimos, o agente tenta justificar as entradas em seu orçamento, mas não revela como efetuava os pagamentos das vultosas quantias à instituição financeira sem prejudicar seu próprio sustento. Com relação aos empréstimos consignados, causa espécie como a denunciada pode-

---

[6] REsp n. 1.585.781/RS, Rel. Min. Felix Fischer, j. 28-6-2016, *DJ* 1-8-2016.
[7] REsp n. 1.405.989/SP, Rel. originário Min. Sebastião Reis Jr., Rel. para acórdão Min. Nefi Cordeiro, j. 18-8-2015, *DJ* 23-9-2015.

ria comprometer parcela tão significativa dos seus rendimentos, chegando até mesmo a ter margem consignável negativa, e ainda assim manter elevado padrão de vida, não só em relação a si, mas também pagando contas de familiares"[8].

## 2.9. O autor da lavagem não precisa atuar como coautor ou partícipe do crime antecedente

Ao autor da lavagem basta a ciência da origem ilícita dos valores e a colaboração para sua ocultação ou dissimulação, não importando se teve ou não participação no crime antecedente. Nesse sentido, HC n. 545.395/RO: "O fato de um dos ora denunciados não haver sido denunciado pelo crime antecedente é irrelevante para a responsabilização por lavagem de dinheiro. Conforme orientação deste Superior Tribunal de Justiça, a participação no crime antecedente não é indispensável à adequação da conduta de quem oculta ou dissimula a natureza, origem, localização, disposição, movimentação ou propriedade de bens, direitos ou valores provenientes direta ou indiretamente, de crime, ao tipo do art. 1º da Lei n. 9.613/98"[9].

## 2.10. A denúncia por lavagem de dinheiro deverá conter justa causa duplicada

A denúncia por lavagem de dinheiro deverá conter justa causa duplicada, isto é, lastro probatório indiciário tanto para a lavagem quanto para o delito antecedente, sendo, no entanto, desnecessário que haja a condenação pela infração penal antecedente. Nesse sentido, STJ no RHC n. 115.171/RJ: "No caso do delito previsto no art. 1º da Lei n. 9.613/98, a denúncia, para ser considerada apta, deve apresentar elementos informativos suficientes que sirvam de lastro probatório mínimo que apontem a materialidade e ofereçam indícios da autoria da prática de atos de ocultação ou de dissimulação da origem dos bens ou valores. Além disso, a inicial acusatória deve trazer elementos que sinalizem a existência de infração penal antecedente, demonstrando a chamada justa causa duplicada. No entanto, a caracterização do crime de lavagem de dinheiro dispensa o prévio co-

---

[8] APn n. 940/DF, Rel. Min. Og Fernandes, CE, j. 6-5-2020, *DJe* 13-5-2020.
[9] HC n. 545.395/RO, Rel. Min. Reynaldo Soares da Fonseca, 5ª T., j. 5-3-2020, *DJe* 13-3-2020.

nhecimento de detalhes acerca do delito antecedente, bem como a aferição de sua culpabilidade ou punibilidade por meio de condenação pela prática da infração penal que dá origem a valores ou a bens que futuramente serão objeto de ações de branqueamento. Tudo isso em função da autonomia entre o crime previsto na Lei n. 9.613/98 e a conduta delituosa que o antecedeu, nos termos do art. 2º, II, do mencionado diploma legal"[10].

## 2.11. O tipo penal do art. 1º da Lei n. 9.613/98 é de ação múltipla ou conteúdo variado (plurinuclear)

O crime de ação múltipla ou de conteúdo variado é aquele em que o tipo penal descreve várias formas de realização do crime, o qual se consuma com a prática de qualquer dos verbos mencionados na descrição típica, desde que cometidos dentro da mesma linha de desdobramento causal, isto é, dentro do mesmo contexto fático. Além disso, não há necessidade de demonstrar indícios de todas as três fases da lavagem (ocultação, dissimulação e reintrodução), bastando os de qualquer uma delas isoladamente. Nesse sentido, STJ na APn n. 923/DF: "O tipo penal do art. 1º da Lei n. 9.613/98 é de ação múltipla ou plurinuclear, consumando-se com a prática de qualquer dos verbos mencionados na descrição típica e relacionando-se com qualquer das fases do branqueamento de capitais (ocultação, dissimulação, reintrodução), não exigindo a demonstração da ocorrência de todos os três passos do processo de branqueamento"[11].

## 2.12. O crime de lavagem tipificado no art. 1º da Lei n. 9.613/98 constitui crime autônomo em relação às infrações penais antecedentes

A denúncia por crime de lavagem de capitais deve ter justa causa duplicada, ou seja, indícios probatórios mínimos da materialidade tanto do crime antecedente quanto do lavagem. Não se deve confundir, entretanto, lastro probatório mínimo de materialidade com a necessidade de a infração penal antecedente já ter sido julgada. Embora a lavagem de dinheiro seja delito acessório, pois sua existência pressupõe

---

[10] RHC n. 115.171/RJ, Rel. Min. Reynaldo Soares da Fonseca, 5ª T., j. 26-11-2019, *DJe* 5-12-2019.

[11] APn n. 923/DF, Rel. Min. Nancy Andrighi, CE, j. 23-9-2019, *DJe* 26-9-2019.

uma infração penal antecedente, não se pode condicionar seu processo e julgamento ao do delito anterior. Da mesma forma, a lavagem constitui crime autônomo, não podendo ser considerada como mero desdobramento da infração penal antecedente. Nesse sentido, STJ no REsp n. 1.342.710/PR: "Por definição legal, a lavagem de dinheiro constitui crime acessório e derivado, mas autônomo em relação ao crime antecedente, não constituindo *post factum* impunível, nem dependendo da comprovação da participação do agente no crime antecedente para restar caracterizado"[12].

## 2.13. O crime de lavagem, quando praticado na modalidade típica de ocultar, é permanente

Conforme já explanado no tópico referente à consumação da primeira modalidade típica prevista na Lei n. 9.613/98, a ocultação configura delito permanente, enquanto os valores estiverem escondidos ou camuflados, eles permanecerão ocultos, protraindo-se a consumação no tempo. No caso da dissimulação, porém, é possível que ocorra uma ação instantânea com efeitos permanentes, a depender da forma como for praticada. Por exemplo, compra subfaturada de imóvel, na qual o autor de corrupção passiva adquire o bem com valor bem inferior ao seu valor real. Neste caso, o crime se consumou no exato instante do negócio com valor simulado, mas seus efeitos permanecerão. A diferença entre o crime permanente e o instantâneo de efeitos permanentes reside em que neste último a consumação se dá no momento exato da produção do resultado, de modo que somente seus efeitos perduram no tempo. No permanente, ao contrário, a ação não se esgota em um só instante, mas se renova a todo momento, assim como a produção do resultado. No caso da lavagem, se a ocultação fosse considerada delito instantâneo, ela estaria consumada no exato momento em que o agente realizasse a conduta. Não é isto que ocorre, no entanto, pois, enquanto o agente mantiver escondido o produto da infração penal antecedente, a ação de ocultar estará sendo realizada. Não são os efeitos da ocultação que perduram no tempo, mas ela própria, a qual vai se estendendo enquanto não for interrompida. Por essa razão, enquanto os bens de origem ilícita estiverem sendo oculta-

---

[12] REsp. n. 1.342.710/PR, Rel. Min. Maria Thereza de Assis Moura, 6ª T., j. 22-4-2014, *DJe* 2-5-2014.

dos, o sujeito estará em situação de flagrância, além do que o lapso prescricional não se inicia até a cessação da permanência, nos termos do art. 111, III, do CP. Nesse sentido, STJ, AgRg no RHC n. 131.089/SP: "Nos termos da jurisprudência firmada nesta Corte e no Supremo Tribunal Federal, o crime de lavagem de bens, direitos ou valores, quando praticado na modalidade típica de 'ocultar' ou 'dissimular', é permanente, protraindo-se sua execução até que os objetos materiais do branqueamento se tornem conhecidos"[13].

## 2.14. A aquisição de bens em nome de interposta pessoa pode caracterizar lavagem de dinheiro

A aquisição de bens em nome de interposta pessoa, a depender da forma e do escopo com os quais são realizados, pode ser considerada como ocultação ou dissimulação, elementos normativos do tipo penal do art. 1º da Lei de Lavagem de Dinheiro. Assim, quando a aquisição em nome de terceiros for realizada com o intuito de encobrir o verdadeiro dono do capital utilizado na compra, haverá indício de materialidade suficiente para o oferecimento da denúncia. Nesse sentido, STJ, APn n. 922/DF: "A aquisição de bens em nome de pessoa interposta caracteriza-se como conduta, em tese, de ocultação ou dissimulação, prevista no tipo penal do art. 1º da Lei n. 9.613/98, sendo suficiente, portanto, para o oferecimento da denúncia"[14].

## 2.15. Modificação da competência em atenção à razoável duração do processo e celeridade de sua tramitação

Quando a prática do crime de lavagem envolver pluralidade de agentes, residentes em diversas unidades da federação, a regra de competência do local da prática da infração será afastada para, em respeito aos princípios da razoável duração do processo e da celeridade de sua tramitação, dar lugar ao foro do domicílio de qualquer dos investigados, definindo-se, por fim, o juízo competente, de acordo com a prevenção. Esse é o entendimento consolidado no CC n. 74.329/RJ: "sendo fixada a competência pelo local da consumação do ilícito, o qual, registre-se, é incerto, conforme consignou o magistrado da 2ª Vara Federal Criminal de Curitiba (fl. 45), a maioria dos atos processuais deve-

---

[13] AgRg no RHC n. 131.089/SP, Rel. Min. Nefi Cordeiro, 6ª T., j. 9-2-2021, DJe 17-2-2021.
[14] APn n. 922/DF, Rel. Min. Nancy Andrighi, CE, j. 5-6-2019, DJe 12-6-2019. No mesmo sentido: RHC n. 55.835/SP, Rel. Min. Felix Fischer, 5ª T., j. 1-12-2015, DJe 9-12-2015.

rão ser praticados via carta precatória, já que os investigados residem nas mais diversas unidades da federação, o que compromete a celeridade processual, cuja observância ganhou *status* constitucional com a inclusão do art. 5º, LXXVIII, na Constituição Federal, através da Emenda Constitucional n. 45/2004"[15].

## 2.16. Compete à justiça brasileira julgar os crimes de lavagem de dinheiro cometidos, ainda que parcialmente, no território nacional

A autoridade judiciária brasileira é competente para julgar os crimes de lavagem ou ocultação de dinheiro cometidos, ainda que parcialmente, no território nacional, bem como na hipótese em que os crimes antecedentes tenham sido praticados em prejuízo da administração pública, mesmo que os atos tenham ocorrido exclusivamente no exterior. Nesse sentido, STJ no AgRg no RHC n. 112.868/PR: "Compete a autoridade judicial brasileira julgar os crimes a respeito dos quais o Brasil, como anuente de tratado ou convenção internacional, comprometeu-se a combater, aplicando-se o disposto no art. 7º, I, *b*, e II, *a*, do Código Penal, independentemente do local em que foi cometido o crime antecedente, a teor do que preceitua o art. 2º, II, da Lei n. 9.613/98. É irrelevante para a definição da competência ou submissão à jurisdição nacional eventual dano direto ter sido absorvido por empresa estrangeira da qual a Petrobras é acionista e formada para viabilizar a realização de transações internacionais. Hipótese em que a denúncia narra que os crimes tiveram início de execução no Brasil com a aprovação pelo Conselho de Administração da Petrobras e efetivação pela Diretoria Internacional"[16].

## 2.17. Competência para decidir sobre a reunião dos processos

Cabe ao juízo processante do crime de lavagem de dinheiro decidir sobre a reunião dos processos (Lei n. 9.613/98, art. 2º, II), examinando caso a caso, com objetivo de otimizar a prestação jurisdicional[17].

---

[15] CC n. 74.329/RJ, Rel. Min. Maria Thereza de Assis Moura, 3ª S., j. 26-9-2007, DJ 4-10-2007. No mesmo sentido: CC n. 93.991/SP, Rel. Min. Jorge Mussi, 3ª S., j. 9-6-2010, DJe 17-6-2010.

[16] AgRg no RHC n. 112.868/PR, Rel. Min. Leopoldo de Arruda Raposo (Desembargador convocado do TJPE), 5ª T., j. 19-11-2019, DJe 26-11-2019.

[17] CC n. 146.107/RJ, Rel. Min. Felix Fischer, 3ª S., j. 10-8-2016, DJe 17-8-2016.

## 2.18. A prescrição da infração penal antecedente não implica atipicidade do delito de lavagem

O reconhecimento da extinção da punibilidade pela prescrição da infração penal antecedente não implica atipicidade do delito de lavagem (art. 1º da Lei n. 9.613/98), porque o crime de lavagem de dinheiro, embora acessório, é autônomo em relação à infração penal antecedente. Nesse sentido, STJ, AgRg no HC n. 497.486/ES: "O processo e julgamento dos crimes de lavagem de dinheiro independem do processo e julgamento das infrações penais antecedentes, nos termos do art. 2º, II, da Lei n. 9.613/98. Dessa forma, a prescrição das contravenções de jogo do bicho não repercute na apuração do crime de branqueamento. Com efeito, o reconhecimento da extinção da punibilidade pela superveniência da prescrição da pretensão punitiva do Estado, relativamente ao crime funcional antecedente, não implica atipia ao delito de lavagem de dinheiro (art. 1º da Lei n. 9.613/98), que, como delito autônomo, independe de persecução criminal ou condenação pelo crime antecedente"[18].

## 2.19. Atipicidade da organização criminosa como crime antecedente da lavagem de dinheiro antes do advento da Lei n. 12.850/2013

Antes das alterações promovidas pela Lei n. 12.683/2012, a Lei de Lavagem de Dinheiro possuía rol taxativo de crimes antecedentes. Assim, como o crime de organização criminosa foi tipificado apenas com a Lei n. 12.850/2013, não é possível falar-se em organização criminosa como crime antecedente de lavagem de dinheiro praticada antes da entrada em vigor dessa lei. Nesse sentido, STJ, RHC n. 109.122/DF: "Antes da alteração trazida pela Lei n. 12.683/2012, o crime de lavagem de dinheiro estava adstrito a certas e determinadas infrações penais, segundo rol taxativo previsto no art. 1º da Lei n. 9.613/98. A partir do advento da nova legislação, não mais existe um rol de crimes antecedentes e necessários para a configuração do delito de lavagem de capital, que poderá ocorrer diante de qualquer 'infração penal'. Não se ignora, também que a conduta de integrar ou dirigir organização criminosa, até o advento da Lei n. 12.850/2013, era atípica"[19].

---

[18] AgRg no HC n. 497.486/ES, Rel. Min. Reynaldo Soares da Fonseca, 5ª T., j. 6-8-2019, *DJe* 22-8-2019.

[19] RHC n. 109.122/DF, Rel. Min. Ribeiro Dantas, 5ª T., j. 15-9-2020, *DJe* 21-9-2020.

## 2.20. Exasperação da pena-base em decorrência da movimentação de expressiva quantia de recursos

Nos crimes de lavagem de dinheiro é legítima a exasperação da pena-base pela valoração negativa das consequências do crime, em decorrência da movimentação de expressiva quantia de recursos. Nesse sentido, STJ, HC n. 518.882/MG: "O grande volume de recursos envolvidos na lavagem de capitais extrapola o elemento natural tipo e constitui razão idônea à majoração da pena-base, visto que, em tal espécie de delito, 'a elevada quantia movimentada ilicitamente justifica o aumento da pena na primeira fase da dosimetria' (AgRg no REsp n. 1.382.060/PR, Rel. Min. Ribeiro Dantas, 5ª T., j. 26-9-2017, *DJe* 6-10-2017)"[20].

## 2.21. A incidência simultânea do aumento da continuidade delitiva (art. 70 do CP) e do § 4º do art. 1º da Lei n. 9.613/98 acarreta *bis in idem*

A incidência simultânea do reconhecimento da continuidade delitiva (art. 70 do CP) e da majorante prevista no § 4º do art. 1º da Lei n. 9.613/98, nos crimes de lavagem de dinheiro, acarreta *bis in idem*. Nesse sentido, o STJ no AgRg nos EDcl no REsp n. 1.667.301/SP, invocando o precedente do STF, no caso do "Mensalão" (APn. 470/MG): "Resulta *bis in idem* o reconhecimento da continuidade delitiva e a incidência da majorante prevista no art. 1º, § 4º, da Lei n. 9.613/98. Precedente do STF no julgamento da AP n. 470/MG"[21].

## 2.22. Os familiares e parentes próximos de pessoas politicamente expostas (PPE) sujeitam-se ao controle estabelecido na Lei de Lavagem de Dinheiro

Os familiares e parentes próximos de pessoas que ocupem cargos ou funções públicas relevantes – consideradas pessoas politicamente expostas (PPE), nos termos do art. 2º da Resolução n. 29/2017, do COAF – sujeitam-se ao controle estabelecido nos arts. 10 e 11 da Lei n. 9.613/98, a fim de ser apurada eventual prática de lavagem de dinheiro. O entendimento atinente à sujeição ao controle dessas pessoas está consolidado no STJ na APn. 922/DF: "O registro de bens adquiridos

---

[20] HC n. 518.882/MG, Rel. Min. Jorge Mussi, 5ª T., j. 11-2-2020, *DJe* 21-2-2020.
[21] AgRg nos EDcl no REsp n. 1.667.301/SP 2017/0095972-8, Rel. Min. Nefi Cordeiro, j. 5-9-2019, 6ª T., *DJe* 13-9-2019.

como supostos proveitos da infração penal antecedente no nome de qualquer outra pessoa, mesmo que cônjuge do acusado casado em regime de comunhão de bens, é capaz, ao menos em tese, de ocultar e dissimular a origem dos valores utilizados em sua aquisição, pois distancia a aquisição da origem dos valores utilizados na operação financeira e, assim, dificulta a apuração da evolução patrimonial do cônjuge ao qual se imputa a prática ilícita inicial. Não o suficiente, deve-se ressaltar que os familiares e parentes próximos de pessoas que ocupem cargos ou funções públicas relevantes – consideradas Pessoas Politicamente Expostas – PPE, nos termos do art. 2º da Resolução n. 29, de 19-12-2017, do COAF – sujeitam-se ao controle estabelecido nos arts. 10 e 11 da Lei n. 9.613/98 a fim de ser apurada a possível prática de lavagem de dinheiro"[22].

## 2.23. Deferimento de medida assecuratória em desfavor de pessoa jurídica que se beneficia de produtos decorrentes do crime de lavagem

É possível o deferimento de medida assecuratória em desfavor de pessoa jurídica que se beneficia de produtos decorrentes do crime de lavagem, ainda que não integre o polo passivo de investigação ou ação penal. Nesse sentido, o AgRg no REsp n. 1.712.934/SP: "Conforme jurisprudência consolidada do Superior Tribunal de Justiça, não há óbice ao sequestro de bens de pessoa jurídica, ainda que esta não conste do polo passivo da investigação ou da ação penal, desde que verificada a presença de indícios veementes de que tenha sido utilizada para a prática de delitos. Tendo o magistrado de origem considerado que existiam indícios suficientes de que as pessoas jurídicas teriam se beneficiado direta e economicamente com tais práticas delitivas, mostra-se plenamente possível a constrição de seus bens"[23].

## 2.24. Norma processual: incidência imediata das medidas assecuratórias do art. 4º da Lei n. 9.613/98, trazidas pela Lei n. 12.683/2012

Não há óbice à aplicação imediata das medidas assecuratórias previstas no art. 4º da Lei de Lavagem de Dinheiro e implementadas pela

---

[22] APn n. 922/DF, Rel. Min. Nancy Andrighi, CE, j. 5-6-2019, *DJe* 12-6-2019.

[23] AgRg no REsp n. 1.712.934/SP, Rel. Min. Reynaldo Soares da Fonseca, 5ª T., j. 21-2-2019, *DJe* 1-3-2019.

Lei n. 12.683/2012, por se tratar de institutos de direito processual à luz do princípio *tempus regit actum*. Nesse sentido, também o AgRg no REsp n. 1.712.934/SP: "Não há óbice à aplicação imediata da alteração legislativa implementada pela Lei n. 12.683/2012 no art. 4º da Lei n. 9.613/98, haja vista a jurisprudência desta corte ser no sentido de que, à luz do princípio *tempus regit actum*, as normas de direito processual possuem aplicação imediata"[24].

## 3. JURISPRUDÊNCIA DO STF

### 3.1. Exaurimento do crime de corrupção passiva

A distinção entre a lavagem de dinheiro configurar mero exaurimento ou crime autônomo subsequente reside no fato de que a tipificação de novo delito pressupõe a efetiva realização de uma nova conduta distinta do simples recebimento dos valores. Assim, por exemplo, se sujeito recebe dinheiro sujo e se limita a colocá-lo sob suas vestes ou mantê-lo em local seguro, sem a realização de novas ações tendentes a conferir-lhe aparência de licitude, haverá simplesmente *post factum* não punível, sem a configuração do delito de lavagem. Tais atos de recebimento integram o tipo penal da corrupção passiva, prevista no art. 317 do CP, de modo que caracterizam mera disposição dos valores ilícitos já em poder do agente e, portanto, exaurimento. Nesse sentido, o Inq n. 3.515/SP, Informativo n. 955: "O crime de branqueamento de capitais corresponde a conduta delituosa adicional, a qual se caracteriza mediante nova ação dolosa, distinta daquela que é própria do exaurimento da infração antecedente. O ato de receber valores ilícitos integra o tipo previsto no art. 317 do CP, de modo que a conduta de esconder as notas pelo corpo, sob as vestes, nos bolsos do paletó, junto à cintura e dentro das meias, não se reveste da indispensável autonomia em relação ao crime antecedente, não se ajustando à infração versada no art. 1º da Lei n. 9.613/98. A falta de justificativa a respeito da origem da quantia ou a apresentação de motivação inverossímil estão inseridas no direito do investigado de não produzir prova contra si, sem implicar qualquer modificação na aparência de ilicitude do dinheiro"[25].

---

[24] AgRg no REsp n. 1.712.934/SP, Rel. Min. Reynaldo Soares da Fonseca, 5ª T., j. 21-2-2019, *DJe* 1-3-2019.

[25] Inq n. 3.515/SP, Rel. Min. Marco Aurélio, j. 8-10-2019.

## 3.2. O depósito fracionado do dinheiro em conta corrente e lavagem de dinheiro

De acordo com o STF, o depósito fracionado do dinheiro em conta corrente, em valores que não atingem os limites estabelecidos pelas autoridades monetárias à comunicação compulsória dessas operações, é meio idôneo para a consumação do crime de lavagem, por consistir em modalidade de ocultação da origem e da localização de vantagem pecuniária recebida pela prática de delito anterior. Nesse sentido, STF, AP n. 996/DF, Informativo n. 904: "Por outro lado, a Turma entendeu que o depósito fracionado do dinheiro em conta corrente, em valores que não atingem os limites estabelecidos pelas autoridades monetárias à comunicação compulsória dessas operações, é meio idôneo para a consumação do crime de lavagem. Trata-se de modalidade de ocultação da origem e da localização de vantagem pecuniária recebida pela prática de delito anterior. Nesse escopo, ficou demonstrado que o deputado, logo após receber recursos em espécie a título de propina, praticou, de modo autônomo e com finalidade distinta, novos atos aptos a violar o bem jurídico tutelado pelo art. 1º da Lei n. 9.613/98, consistentes na realização de depósitos fracionados em conta de sua titularidade, cujo somatório perfaz a exata quantia que lhe fora disponibilizada"[26].

## 3.3. Corrupção passiva e lavagem de dinheiro

A percepção de valor indevido por parte do próprio sujeito ativo do delito de corrupção passiva ou por interposta pessoa pode configurar o delito de lavagem de capitais, desde que ocorram atos autônomos de ocultação do produto do crime antecedente já consumado. Se as condutas estiverem compreendidas dentro do mesmo contexto fático, ou seja, na mesma linha de desdobramento causal, não há que se falar em delito autônomo de lavagem, mas de *post factum* não punível. Nesse sentido: "Quando a ocultação configura etapa consumativa do delito antecedente – caso da corrupção passiva recebida por pessoa interposta – de autolavagem se cogita apenas se comprovados atos subsequentes, autônomos, tendentes a converter o produto do crime em ativos lícitos, e capazes de ligar o agente lavador à pretendida higienização do produto do crime antecedente. Sob uma linguagem de ação típica, as subsequentes e autônomas condutas devem possuir aptidão material para

---

[26] AP n. 996/DF, Rel. Min. Edson Fachin, j. 29-5-2018.

ocultar ou dissimular a natureza, origem, localização, disposição, movimentação ou propriedade de bens, direitos ou valores provenientes, direta ou indiretamente, de infração penal antecedente, ao feitio do art. 1º da Lei n. 9.613/98"[27]. De igual modo: "Não sendo considerada a lavagem de capitais mero exaurimento do crime de corrupção passiva, é possível que dois dos acusados respondam por ambos os crimes, inclusive em ações penais diversas"[28]. No caso do "Mensalão", APn n. 470/MG, foi reconhecida a possibilidade de concurso entre corrupção passiva e lavagem de valores que, contudo, impenderia de análise caso a caso, a divisar a ocorrência de atos autônomos[29].

### 3.4. O crime de lavagem de dinheiro é autônomo em relação ao delito antecedente sendo possível a autolavagem

A lavagem de dinheiro, embora seja um delito acessório, já que sua caracterização pressupõe uma infração penal antecedente, é considerada um crime autônomo. Desse modo, é possível que o autor da lavagem de dinheiro seja o mesmo do delito antecedente, não havendo na legislação brasileira vedação à autolavagem. Nesse sentido, STF, HC n. 92.279/RN: "O crime de lavagem de dinheiro é autônomo em relação ao delito antecedente, sendo possível que o autor do ilícito anterior seja o mesmo do crime de lavagem, pois não há na lei vedação à autolavagem"[30]. No mesmo sentido: "O sistema jurídico brasileiro não exclui os autores do delito antecedente do âmbito de incidência das normas penais definidoras do crime de lavagem de bens, direitos ou valores, admitindo, por consequência, a punição da chamada autolavagem. É possível, portanto, em tese, que um mesmo acusado responda, concomitantemente, pela prática dos delitos antecedente e de lavagem, inexistindo *bis in idem* decorrente de tal proceder. Nada obstante, a incriminação da autolavagem pressupõe a prática de atos de ocultação, dissimulação ou integração autônomos ao delito antecedente, ainda que se verifique, eventualmente, consumações simultâneas"[31].

---

[27] AP n. 694/MT, Rel. Min. Rosa Weber, j. 2-5-2017, 1ª T. No mesmo sentido também a AP n. 470/MG: "A autolavagem pressupõe a prática de atos de ocultação autônomos do produto do crime antecedente (já consumado)".

[28] Inq n. 2.471/SP, Rel. Min. Ricardo Lewandowski, j. 29-9-2011, TP, *DJ* 1-3-2012.

[29] Informativo n. 682 do STF.

[30] HC n. 92.279/RN, Rel. Min. Joaquim Barbosa, j. 24-6-2008, 2ª T., *DJ* 19-9-2008.

[31] STF, HC n. 165.036/PR, Rel. Min. Edson Fachin, j. 9-4-2019, 2ª T., *DJe* 10-3-2020.

## 3.5. Dever do Ministério Público de narrar e apontar indícios da infração penal antecedente na denúncia

O fato de o processo por lavagem não depender do processo pelos crimes antecedentes (art. 2º, II, da Lei n. 9.613/98) não exonera o Ministério Público do dever de narrar esses crimes antecedentes e apontar, pelo menos, indícios de seu cometimento. Nesse sentido, STF, HC n. 132.179: "A denúncia não descreve minimamente os fatos específicos que constituiriam os crimes antecedentes da lavagem de dinheiro, limitando-se a narrar que o paciente teria dissimulado a natureza, a origem, a localização, a disposição e a movimentação de valores provenientes de crimes contra a Administração Pública. Não há descrição das licitações que supostamente teriam sido fraudadas, nem os contratos que teriam sido ilicitamente modificados, nem os valores espuriamente auferidos com essas fraudes que teriam sido objeto de lavagem. A rigor, não se cuida de imputação vaga ou imprecisa, mas de ausência de imputação de fatos concretos e determinados. O fato de o processo e julgamento dos crimes de lavagem de dinheiro independerem do processo e julgamento dos crimes antecedentes (art. 2º, II, da Lei n. 9.613/98) não exonera o Ministério Público do dever de narrar em que consistiram esses crimes antecedentes"[32].

## 3.6. O recebimento dos recursos por via dissimulada, como o depósito em contas de terceiros, não configura a lavagem de dinheiro

O recebimento de recursos por via dissimulada, como no caso de depósito de dinheiro em conta de interposta pessoa, se realizado apenas com o intuito de mascarar o verdadeiro destinatário, desprovido do dolo de sua posterior reinserção na economia formal com aparência de dinheiro lícito, não configura o crime de lavagem de dinheiro. Nesse sentido, STF, APn n. 644/MT: "Em embargos de divergência no caso Mensalão, o STF firmou jurisprudência no sentido de que o recebimento dos valores é parte do crime de corrupção passiva, crime antecedente à lavagem de dinheiro. Logo, o recebimento dos recursos por via dissi-

---

[32] HC n. 132.179, Rel. Min. Dias Toffoli, 2ª T., j. 26-9-2017, DJe 9-3-2018.

mulada, como o depósito em contas de terceiros, não configuraria a lavagem de dinheiro. Seria necessário ato subsequente, destinado à ocultação, dissimulação ou reintegração dos recursos"[33].

## 3.7. Competência da justiça brasileira para julgar lavagem de dinheiro oriunda de crime contra sociedade de economia mista, cometida no exterior

A justiça brasileira é competente para julgar lavagem de dinheiro proveniente de crime contra sociedade de economia mista, ainda que os atos de branqueamento tenham ocorrido fora do país. A extraterritorialidade da lei brasileira se justifica porque o Brasil se obrigou a combater tais crimes por meio de tratado e convenção internacional. Nesse sentido, STF, HC n. 185.223/PR: "Configura-se a competência jurisdicional pátria, ainda que sobrevenha no curso da instrução processual a comprovação de que todas as etapas de branqueamento ocorreram no exterior, pelo fato de que os atos ilícitos em apreço atentam contra o patrimônio de sociedade de economia mista nacional e também porque se trata de delito cuja prática o Brasil comprometeu-se a reprimir, ao aderir à Convenção das Nações Unidas contra o Crime Organizado Transnacional (Decreto n. 5.015/2004, art. 6º da Convenção de Palermo). Outrossim, cumpre consignar que o art. 7º, II, *a*, do Código Penal não distingue entre as hipóteses de jurisdição internacional facultativa e as hipóteses de jurisdição obrigatória. O objeto da norma é, como se extrai de seus termos, o de estender a jurisdição brasileira aos crimes que, por tratado ou convenção, o Brasil se obrigou a reprimir. Logo, pela lei brasileira, se o tratado obriga a reprimir a conduta criminalizada, o Brasil detém jurisdição. Esses crimes, ainda que cometidos no estrangeiro, 'ficam sujeitos à lei brasileira'. O direito internacional e as obrigações decorrentes dos tratados devem ser utilizados para verificar se há impedimento para que o Estado julgue a ação penal, o que ocorre, por exemplo, quando a reunião de provas é mais difícil. Para o crime de lavagem de dinheiro, não há nenhuma objeção do direito internacional: primeiro porque ele é expresso ao autorizar o exercício da jurisdição

---

[33] APn n. 644/MT, Rel. Min. Gilmar Mendes, 2ª T., j. 27-2-2018, *DJe* 16-3-2018 e Rel. Min. Luiz Fux, redator do acórdão Min. Roberto Barroso, TP, *DJe* 21-8-2014.

quando a ocultação ocorrer no estrangeiro para depois ser reintroduzido no território nacional (art. 15, § 2º, c, II, da Convenção de Palermo); depois porque, pelo art. 15, § 6º, da Convenção de Palermo, as regras de jurisdição do direito internacional"[34].

### 3.8. O crime de lavagem de dinheiro, na modalidade de ocultar, configura crime de natureza permanente

Nesse sentido, STF, AgR no HC 167.132/SP: "O crime de lavagem de dinheiro, pelo menos na modalidade de ocultar, configura crime de natureza permanente, uma vez que, enquanto os bens ou valores encontrarem-se escondidos ou camuflados por obra do agente, a consumação do delito projeta-se no tempo, pois remanesce íntegra a agressão ao objeto jurídico protegido pelo legislador, em especial a administração da justiça"[35].

### 3.9. A lavagem de dinheiro é crime autônomo em relação a delitos contra o sistema financeiro

A lavagem de dinheiro é crime autônomo em relação a delitos contra o sistema financeiro, não se constituindo em mero exaurimento do crime antecedente, exigindo, no entanto, prática adicional de efetiva ocultação ou dissimulação. Nesse sentido, STF, HC n. 92.279/RN: "A repatriação dos valores objeto do crime de lavagem de dinheiro não tem qualquer consequência em relação à tipicidade da conduta, que já estava consumada quando da devolução do dinheiro ao erário alemão. O crime de lavagem de dinheiro em tese praticado no Brasil não se confunde com o crime contra o sistema financeiro nacional pelo qual o paciente está sendo processado na Alemanha. A lavagem de dinheiro é crime autônomo, não se constituindo em mero exaurimento do crime antecedente. Assim, não há *bis in idem* ou litispendência entre os processos instaurados contra o paciente no Brasil e na Alemanha"[36]. Ressalte-se que o delito de lavagem de dinheiro é autônomo qualquer que seja a infração penal antecedente, e não apenas quando se tratar de crime contra o sistema financeiro.

---

[34] HC n. 185.223/PR, Rel. Min. Edson Fachin, j. 8-3-2022, 2ª T., publ. 20-4-2022.
[35] AgR HC n. 167.132/SP, Rel. Min. Ricardo Lewandowski, j. 14-6-2019, 2ª T., *DJe* 25-6-2019.
[36] HC n. 92.279/RN, Rel. Min. Joaquim Barbosa, j. 24-6-2008, 2ª T., *DJe* 19-9-2008.

## 3.10. Inadmissibilidade da responsabilização penal de partido político ou empresa pública ou privada por crime de lavagem de dinheiro

A responsabilização penal de partido político ou empresa pública ou privada por crime de lavagem de dinheiro não é admitida em nosso ordenamento jurídico, que somente a admite para delitos ambientais, configurando crime impossível. Nesse sentido, STF, Pet n. 5.143/DF: "A imputação do cometimento de lavagem de dinheiro a pessoa jurídica é crime impossível, por isso que incabível a presente ação, dada a impropriedade de seu objeto"[37].

## 3.11. Organização criminosa não pode ser considerada antecedente da lavagem de dinheiro antes do Decreto n. 5.015/2004

O STF decidiu que os crimes praticados por organizações criminosas não podem ser considerados como antecedentes do delito de lavagem de dinheiro antes da edição do Decreto n. 5.015/2004, que promulgou a Convenção das Nações Unidas contra o Crime Organizado Transnacional. Nesse sentido, o Inq n. 2.786/RJ: "Para os fins da Lei n. 9.613/98, os crimes praticados por organizações criminosas não podem ser considerados como antecedentes do delito de lavagem de dinheiro antes da edição do Decreto n. 5.015, de 12-3-2004"[38]. Frise-se que, como visto anteriormente, para o STJ o marco temporal é bem posterior, qual seja, a entrada em vigor da Lei n. 12.850/2013 tipificou o crime de organização criminosa.

## 3.12. O crime de lavagem de dinheiro não depende da instauração de processo administrativo-fiscal

Por se tratar de crime autônomo, o delito de lavagem de dinheiro independe da instauração de processo administrativo-fiscal. Nesse sentido, STF, HC n. 85;949/MS: "O crime de lavagem de dinheiro, por ser autônomo, não depende da instauração de processo administrativo-fiscal. Os fatos descritos na denúncia, se comprovados, podem tipificar o crime descrito na norma penal vigente, devendo, quanto a este, prosseguir a ação penal"[39].

---

[37] Pet n. 5.143/DF, Rel. Min. Luiz Fux, j. 25-11-2014, 1ª T., *DJe* 11-12-2014.
[38] Inq n. 2.786/RJ, Rel. Min. Ricardo Lewandowski, j. 17-2-2011, TP, *DJe* 6-6-2011.
[39] HC n. 85.949/MS, Rel. Min. Cármen Lúcia, j. 22-8-2006, 1ª T., *DJ* 6-11-2006.

# Bibliografia

ALLDRIDGE, Peter. *What went wrong with Money laudering law?* Londres: Palgrave Pivot, 2016.

BADARÓ, Gustavo Henrique; BOTTINI, Pierpaolo Cruz. *Lavagem de dinheiro*: aspectos penais e processuais penais: comentários à Lei n. 9.613/98, com alterações da Lei n. 12.683/2012. 5. ed. São Paulo: Revista dos Tribunais, 2023.

BARROS, Marco Antonio de. *Lavagem de dinheiro:* implicações penais, processuais e administrativas. São Paulo: Oliveira Mendes, 1998.

BLANCO CORDERO, Isidoro. *El delito de blanqueo de capitales.* 2. ed. Navarra: Arazandi, 2002.

BLANCO CORDERO, Isidoro. Secreto profesional del abogado y prevención del blanqueo de capitales. *ADPE*, n. 3, 2015.

BONFIM, Edilson Mougenot. *Curso de processo penal.* São Paulo: Saraiva, 2019. E-book.

BONFIM, Marcia Monassi Mougenot; BONFIM, Edilson Mougenot. *Lavagem de dinheiro.* 2. ed. São Paulo: Malheiros, 2008.

CAPEZ, Fernando. *Curso de direito penal.* 27. ed. São Paulo: Saraiva, 2023. v. 1.

CAPEZ, Fernando. *Curso de processo penal.* 30. ed. São Paulo: Saraiva, 2023.

CAPEZ, Fernando. *Legislação penal especial.* 18. ed. São Paulo: Saraiva, 2023.

CAPEZ, Rodrigo. *A sindicabilidade do acordo de colaboração premiada e as modificações do Pacote Anticrime (Lei n. 13.964/2019).* Disponível em: https://www.tjsp.jus.br/download/EPM/Publicacoes/Cadernos Juridicos/10_a_sindicabilidade_do_acordo_2p.pdf?d=637699104773435506. Acesso em: 20 jun. 2023.

CAPEZ, Rodrigo. *Prisão e medidas cautelares diversas*: a individualização da medida cautelar no processo penal. São Paulo: Quartier Latin, 2017.

CERVINI, Raúl; TERRA, William; GOMES, Luiz Flávio. *Lei de Lavagem de Capitais*. São Paulo: Revista dos Tribunais, 1998.

GRECO FILHO, Vicente. *Manual de processo penal*. 12. ed. Florianópolis: Tirant lo Blanch, 2019.

GRINOVER, Ada Pellegrini; GOMES FILHO, Antonio Magalhães; FERNANDES, Antonio Scarance. *As nulidades no processo penal*. 12. ed. São Paulo: Revista dos Tribunais, 2012.

GOMES, Luiz Flávio. *Erro de tipo e erro de proibição*. 2. ed. São Paulo: Revista dos Tribunais, [s.d.].

GOMES, Orlando. *Direitos reais*. Rio de Janeiro: Forense, [s.d.].

HUNGRIA, Nélson. *Comentários ao Código Penal*. 5. ed. Rio de Janeiro: Forense, [s.d.].

JESUS, Damásio de. *Direito penal*. 34. ed. São Paulo: Saraiva, 2013. v. 1.

LOPES JR., Aury. *Direito processual penal*. 16. ed. São Paulo: Saraiva, 2019.

MAIA, Rodolfo Tigre. *Lavagem de dinheiro*. 2. ed. São Paulo: Malheiros, 2007.

MAIA, Rodolfo Tigre. *Lavagem de dinheiro (lavagem de ativos provenientes de crime)*: anotações às disposições criminais da Lei n. 9.613/98. São Paulo: Malheiros, 1999.

MAGALHÃES NORONHA, Edgard. *Direito penal*. 30. ed. São Paulo: Saraiva, [s.d.]. v. 1.

MARQUES, José Frederico. *Tratado de direito penal*. Campinas: Bookseller, 1997. v. 1.

MIRANDA, Acácio. *Lavagem de capitais e criminalização da advocacia*: entre a inadequada expansão populista e a fragilização do direito de defesa (análise das propostas legislativas). São Paulo: D'Plácido, 2023.

OLIVEIRA, Ana Carolina Carlos de. *Lavagem de dinheiro*: responsabilidade pela omissão de informações. São Paulo: Tirant lo Blanch, 2019.

PITOMBO, Antonio Sergio de Moraes. *Lavagem de dinheiro*: a tipicidade do crime antecedente. São Paulo: Revista dos Tribunais, 2003.

REALE JR., Miguel. *Parte geral do Código Penal*: nova interpretação. São Paulo: Revista dos Tribunais, 1988.

RODRÍGUEZ, Maria Gutiérrez. Acelerar primero para frenar después: la búsqueda de criterios restrictivos en la interpretación del delito de blanqueo de capitales. *Revista General de Derecho Penal,* n. 24, 2015.

SANCHEZ, Carlos Aránguez. *El delito de blanqueo de capitales.* Madri: Marcial Pons, 2000.

SANCTIS, Fausto Martin de. Antecedentes do delito de lavagem de valores e os crimes contra o sistema financeiro nacional. *In*: BALTAZAR JR., José Paulo; MORO, Sergio Fernando (org.). *Lavagem de dinheiro*: comentários à lei pelos juízes das varas especializadas em homenagem ao Ministro Gilson Dipp. Porto Alegre: Livro do Advogado, 2007.

TAVARES, Juarez; MARTINS, Antonio. *Lavagem de capitais*: fundamentos e controvérsias. São Paulo: Tirant lo Blanch, 2020.

TOLEDO, Francisco de Assis. *Princípios básicos de direito penal.* 5. ed. São Paulo: Saraiva, 1994.

VILARDI, Celso Sanchez. O crime de lavagem de dinheiro e o início de sua execução. *Revista Brasileira de Ciências Criminais*, v. 47, 2004.

WESSELS, Johannes. *Direito penal:* parte geral. Trad. Juarez Tavarez. Porto Alegre: Sérgio A. Fabris Editor, 1976.

WELZEL, Hans. *Derecho penal alemán.* 11. ed. trad. del alemán por los profesores Juan Bastos Ramírez y Sérgio Yañez Pérez. [S.l.]: Jurídica de Chile, 1997.

ZAFFARONI, Eugenio Raúl; PIERANGELI, José Henrique. *Manual de direito penal brasileiro.* São Paulo: Revista dos Tribunais, 1997.